周りが変われば、子どもは変わる！

発達に課題を感じる子どもの可能性を伸ばすために

齋藤 澄子

翔雲社

本書は、筆者（元小学校教員）と協力者（河西ゆい氏・仮名）が執筆にあたった。河西氏は、筆者が担任した学級の元保護者であり、共著者と言うにふさわしい。河西氏が分担執筆した部分については、目次及び各節の最初に明示した。

なお、本書に登場する関係者や児童名については個人情報保護の観点から全て仮名としている。また内容についても部分的に加筆・修正を施している。

はじめに

児童は一年のうち三分の二は学校に通い、一日の大半を学校で過ごしている。全ての子どもたちが楽しい学校生活が送れるようにと、学校は懸命の努力を傾けているが、子どもの中には必ずしも学校生活を楽しんでいるとは言えない子どもがいることも事実である。「学校が楽しい」と心から思えない子どもの中には、自分の思いがうまく伝えられなかったり、相手の気持ちがよく分からなかったりすることから、学校という集団生活の中でコミュニケーションに課題を感じている子どもが少なくない。いわゆる「発達障害」と言われる子どもたちもその中に含まれている。

筆者は、長年にわたる小学校の教員生活の中で、いろいろな児童や保護者と出会い、こうした発達に課題を感じる児童やその保護者との関わりから多くのことを学んできた。現実の事例から、理論的な説明やマニュアルでは得られない多くの気付きを得てきた。本書は、このような筆者の体験に基づいた学びを、発達の課題を抱えた児童の保護者や学校関係者の問題解決に向けた一助となるように企画された。ここに書かれた内容が学校の先生方や保護者の参考となり、結果的に子どもの「安心」に繋がれば、子どもの成長をもたらすことができるのではないかと期待している。

本書の特徴は、発達の課題を抱えた子どもに対して、教師あるいは保護者単独ではなく、教師と保護者両者の実践を基にした内容であるという点にある。保護者だけががんばっても教師だけががんばっても、子どもはなかなかよくなっていかない。しかし両者の歯車が噛み合った時に、子どもはよりよく伸びていくということを私たちは体験を通して学ぶことができた。

本書の協力者である河西氏は、お子さんの発達の偏りを指摘され大変驚いていたが、すぐに子どものために「何ができるか」「何をすべきか」を考え実践してきた保護者である。河西氏の保護者としての思いや願い、「どのように子どもを支え育んできたのか」という歩みを、発達障害児の育児や教育に関わる保護者や学校関係者に是非読んでもらいたい。そして、保護者と教師の連携について考えるきっかけにして欲しい。

学校は、今や学級担任が一人で課題を抱えるのではなく、「チーム学校」で対応する時代であると言われている。保護者と「チーム学校」の在り方次第で、子どもは変容する。本書の題名『周りが変われば、子どもは変わる！』には、これまで発達に課題のある子どもにばかり「がんばれ、がんばれ」と言い続けてきた保護者や教師たちに、角度を変えて「これまでの自分の考え方や対応を少し変えてみて欲しい」という願いが込められている。

子どもの無限の可能性を引き出し伸ばしていくためには、まず保護者や教師が変わらなくてはならない。保護者や教師の子どもへの対応が変われば、周りにいる人たちを変えるきっかけになるであろう。そのようにして子どもを取り巻く環境が変われば子どもは必ず変わっていく。発達障害であることより、自分が理解されないストレスによる二次的障害に悩む子どもたちが一人でも減るように、この本を発達障害児の家族や学校関係者に読んで欲しい。

本書によって、保護者には教師の思いが、教師には保護者の思いが、うまく伝われば幸いである。

令和三年　春

齋藤　澄子

※　なお、本書中の「発達に課題を感じる子ども」とは、「発達障害の診断を受けている子ども（発達障害児）」だけでなく「診断は受けていないが明らかに特性を感じる子ども」を含んでいる。医師の診断がない児童を「発達障害傾向の児童」とか「発達障害グレーゾーン」と安易に表現することを避けるために「発達に課題を感じる子ども」という表記を用いることにした。

目次

第一章　発達の課題が気になり始めた頃のこと

～みんな違ってみんないいというけれど～

本章では、筆者と河西氏との出会いとその頃に起きた出来事を振り返り、発達の課題が分かるまでのエピソードを中心に記述した。その際、この本の特徴である「教師と保護者の捉え方の違い」が分かるように、それぞれの立場から出来事を書いてみることにした。同じ出来事に対する教師（担任）と保護者（母親）の思いや考えの違いを読み取っていただければ幸いである。

＊筆者が、執筆協力者である河西氏（以下は敬称を略して「河西」と記す）とどのようにして出会ったのか、河西の子どもであるAさんとの出会いを振り返って記述することから始めていきたい。

一　学級担任として

1　出会い

教員にとって、転勤は大きな転機である。何故なら学校は、地域の実態によって児童の様子が異なるし、学校経営もそれぞれの地域の状況に応じて違ってくるからである。ひとつの学校でやっと学校の方針や行事に慣れ、子どもの実態も分かってきた頃に「転勤」となると、また一から始めるのか…という重い気持ちになる教員が少なくない。筆者もその中の一人であった。

転勤した最初の年に、Aさんを担任することになった。Aさんは、幼稚園を卒園し、張り切って小学校に入学してきたピカピカの一年生だった。

2　入学式の日の出来事

河西と筆者はS小学校の入学式で出会った。お互いにS小学校の「一年生」として緊張感のある出会いだった。しかし、Aさんだけはちょっと様子が違っていた。Aさんは入学初日からとても元気で、何でもよく話す活発な児童だった。

入学式が始まる前に教室で出席を確認し、会場である体育館に移動する前、そこで初めてのトラブルが起きた。Aさんがトイレに行ったまま長い時間教室に帰ってこなかったのである。入学式前の緊張でトイレに行きたくなることまではよくある話だが、随分待っても教室に戻ってこないので心配した筆者は、児童補助係の先生にトイレまで様子を見に行ってもらった。

少しして、Aさんは児童補助係の先生と嬉しそうに手を繋ぎ、平然と何食わぬ顔をして教室に戻ってきた。時間にして10分近くは待っただろうか…Aさんが戻って来るまで、他の子どもたちが騒ぎ出さないように、教室でオルガンを弾いたり子どもたちに歌を歌わせたりして時間を稼いだ。

結果、入学式の開始時刻が遅れてしまった。式後、児童補助係だった先生に聞いてみると、Aさんはトイレに入ったままなかなか出てこなかったそうだ。外から声をかけると「もうすこしだったのに…」と言いながら、しぶしぶ個室から出てきたという。その話を聞いて他の職員も驚き「Aさんはなかなかの大物だね…」という話になった。小学校の入学式という一生に一度の晴れの日に、こういうことに直面するのは、筆者にとっても長い教員生活の中で初めてのことだったので戸惑いを感じた出来事だった。

しかし今思えば、Aさんのこういう行動は、分かるような気がする。「トイレに行く」という大切なことをしている時に、Aさんにとって集団の存在は「気にするべきほどのものではない」ということだったのだろう。Aさんは常にマイペースで、「周りを見て動く」とか、「周囲に合わせる」ことが難しい様子だった。したがって、入学式後の学校生活においても次々と「小さな事件」が起こっていった。

3　給食の時のこと

①　みかんは苦手！

一年生は四月第二週から給食が始まり、子どもたちもAさんも皆おいしい給食を楽しみに学校に来るようになっていた。しかし、Aさんにはどうしても苦手な食べ物があった。Aさんは柑橘類の皮を剥く時の匂いが苦手だった。筆者はそのことを、夏みかんがメニューにあるその日の朝、母親から連絡帳で連絡を受けていた。しかしその時点では、夏みかんを食べることができない程度にしか考えていなかった。

その日…給食の配膳が終わり「いただきます」をして少し経った頃、事件は起きた。

Aさんがいきなり机の下にもぐり、出てこなくなってしまったのである。何も知らない周りの子どもたちはびっくりして、

「Aさん、どうしたの？　机の下からから出て来て…」

と言ってAさんの手を引こうとしていた。しかし、Aさんは両手で耳をふさぎ、何かを叫びながら教室を飛び出し廊下に出てしまった。すぐに筆者も廊下に出て、パニック気味になっているAさんの背中をさすりながら言った。

「Aさん、つらかったんだね…もう大丈夫だよ。落ち着くまでここにいていいよ…誰にでも苦手なものはあるから、気にしなくていいよ。でもこんなにつらい思いをさせるのはもうやめたいから、みんなにAさんはみかんが苦手なことをお話して、お友達にも協力してもらおうね…」


そして、その日の帰りの会で、筆者は子どもたちに言った。

「Aさんはみかんの匂いが苦手だから、みんなもAさんの前でみかんを剥かないようにして欲しいのです。今度みかんが出た時、もしAさんが匂いに耐えられなくなったら、廊下に避難することにしますから、みんなは大騒ぎしないでくださいね」

Aさんは安心した表情でその話を聞いていた。

子どもたちもみんな納得した様子で、大きな声で、

「は〜い！」

と言った。

★ コラム1　匂いに敏感な子ども

自閉的な傾向のある人は、人一倍感覚が鋭いので感覚過敏の傾向をもっていることが少なくない。Aさんの場合は、嗅覚過敏の特性があった。と言っても、全ての匂いに過敏というわけではなく、特定の物に対する拒否反応を示していた。

保護者は子どもを学校に預けるにあたり、大切なことをきちんと共有できているかどうかが、子どもに不必要なつらさを感じさせなくてすむかどうかの鍵を握っている。教師は児童の特性を事前に把握しておく必要がある。保護者と教師の連携はどのように進めればいいのだろうか。

筆者の場合は、保護者との連携において中心的な役割を果たしたのが「連絡帳」であった。連絡帳を活用して、様々な情報をやり取りすることで、お互いの信頼関係も深まっていった。Aさんの父親がある時この連絡帳を見て、

「……まるで交換日記のようだね……」

と言ったと聞いたが、児童の日々の様子を学校と家庭で共有していくことの大切さは言うまでもない。

筆者と保護者の連絡帳を活用したやり取りを本書の所々で紹介しているので、参考にして欲しい。

《その日の連絡帳でのやり取りから》

4月17日：保護者から

給食では一人ひとりに量や好き嫌いのご配慮ありがとうございます。実はAはみかん類がどうしてもダメで夏みかんの匂いにも拒否反応を示すのではと思われます（うるさくしたらすみません）。

キノコ類や漬物など他にも苦手はありますが、「給食おかわりしたよ！」と給食の時間は楽しみなようです。これからもご指導よろしくお願いします。

4月17日：担任（筆者）の返事

ご連絡ありがとうございます。毎日生き生きと輝く瞳で登校して来るAさんに会うのが楽しみです。給食の件、教えて頂き助かりました。一人ひとりの違いを認め、みんなが楽しく食べられるようにしたいと考えています。家庭訪問で詳しくお話しましょう。楽しみにしています。

②　痛かった給食

Aさんは何でもよくでき、完璧主義的なところがあったので「できない」ことに出会った時、感情が高ぶってしまうことがあった。実際Aさんはよく「なんで、できないんだ！」

「絶対にやってやる！」と言いながら、顔を真っ赤にしてがんばろうとする時があった。

そんなAさんが給食の時間に大ケガをしてしまったことがあった。

それは、給食に出た発酵乳の入れ物（紙パック）を片付けようとした時に起きた。その日のメニューはAさんの好きなカレーだった。Aさんは、おいしく食べ終わり、誰より早く片付けに入ろうとしていた。お皿を重ね、次は発酵乳のパックを切り開いて…という時に、Aさんはパックがうまく開けずに、イライラしていた。そして担任の所に来て、

「先生、どうしてもうまくパックが開かないから、はさみを使ってもいいですか？」

と言った。筆者は、

「はさみを使ってもいいけど、気を付けてね…」

と言い、筆者が、まだ自分のお皿に残っていたカレーを口にしたとたん…、

「いた～い、あ～！　あ～！」

という声が聞こえてきた。見るとAさんの指から大量の出血が…慌てて養護教諭に連絡し、すぐに病院へ連れて行ってもらった。

Aさんはパックを切り開くのに苦戦しているうちに、自分の指を切ってしまった。筆者は、はさみを使うことを許可したことを後悔した。どうしてもうまく切り開けないAさんのイライラを解決する方法は、「はさみを使うこと」ではなかったのではないか…と考え、Aさんへのもっと適切な指導を考えるきっかけになった。

★コラム2　できない！　でもあきらめたくない！

「どうしても…したい！」という思い（こだわり）が強過ぎる子どもは、無理をしてしまうことがある。物事を自分の中のものさしで捉えがちで、自分が納得するまで徹底的にやりたいという気持ちが強いので、なかなか途中でやめることができない。

「もういいから、やめなさい」

と言うと、かえって怒ってしまい、パニックに近い状態になる子どももいる。

このような時には、必要以上に頑張る必要はないことを優しい言葉で伝え、少しクールダウンさせた方がいいだろう。誰でも苦手なことやできないことがあるのは当たり前だ、ということを普段から話題にして、決して無理をすることがないように声をかけていきたい。

例えば今回の場合、Aさんにこんな言葉かけをしたらどうだっただろう。

「Aさん、分かったよ。自分の力でがんばってパックを開けようとしたんだね。えらかったね。でももう十分がんばったから、合格！　あとは先生がやっておくから心配しないでここに置いてね…」

次からはそう言おう…と考えた。発酵乳のパック事件は、決して無理にがんばらせないことが大切だということを筆者が体験的に学んだ出来事だった。ケガの方は、病院についた頃には出血も収まり、養護教諭の圧迫止血がよかったのか診察時には幸い傷口がくっ付いていたので、縫合することもなく帰校した。

4　家庭訪問

四月の終わりから五月第二週にかけて、多くの学校では家庭訪問が始まる。いわゆるゴールデンウィークの頃、この家庭訪問を通してようやく学校と家庭の連携が本格化する。学級担任は、新しい学級のスタートから約一ヶ月間しっかりと子どもたちの様子を観察し、この家庭訪問で保護者と情報を共有しながら児童理解を深めていく。筆者もこの家庭訪問が待ち遠しく、早くAさんの保護者と会って今後のことを相談したいという気持ちになっていた。

家庭訪問当日、五月晴れの中、学校を出てAさんの道案内でAさんの家に向かった。A

さんは自宅に着くと、家にある自分の宝物を次々に見せてくれた。大好きなドラえもんグッズが中心だった。そして、ひとしきり会話した後、外に遊びに出掛けて行った。前もって保護者に「Aさんのいないところで話をしたい」とお願いしておいたので、Aさんは筆者と話をしたら外に行くと母親と約束していたようだった。

Aさんの母親とは入学式以来の再会だった。Aさんが出かけた後、母親は丁寧に、

「いつもご迷惑をおかけしてすみません…」

と言った。学校での様子は連絡帳や電話を通して大体のことを伝えていたので、母親はかなり恐縮している様子だった。筆者は、

「今日はAさんの小さい頃からのお話とか、ご家庭でどのような子育てをされているのかをいろいろ教えてください…」

と言った。また話のきっかけとして、

「Aさんを見て思うことは、ご家庭で本当に愛情深くお育てになられたのだということです…」

と言った。その言葉は、どちらかと言えばAさんの育ちのよさを讃える気持ちで言ったのだが、後に母親から『…この言葉がつらかった…』と言われた。まさかこの言葉で母親が傷つくとは…。全く予想していなかった自分はまだまだだな…と思い知らされた。それほど、母親はAさんの子育てに苦労してきたのだということを、この時初めて知った。

そしてこの家庭訪問を通して、これまでのAさんに対する筆者の見方も大きく変わっていったのである。

入学から最初のひと月で、一年生は様々な体験をし、一人ひとりの児童の個性も見え始める。この一ヶ月の出来事を保護者はどのように捉えたり考えたりしていたのだろうか。次節では保護者の側から河西が当時の思いを記述している。

＊初めての子どもの小学校入学、どんな小学校生活が待っているのか、不安と期待の入り混じった気持ちで迎えた入学期のことを、保護者の立場から振り返り、書いてもらった。

二　先生、はじめまして（河西）

1　忘れられない入学式

その日は雨だった。学区の小学校の入学式。いよいよこの子は小学生になるんだなぁ…。新しいランドセルを背負い、着慣れないスーツを着ている息子Aの晴れ姿が嬉しくて、雨はさほど気にならなかった。

Aはちょっとユニークな子だった。頭はよかった。けれど、なんと言ったらいいのだろう、一言ではとても言い表せない…。そんな我が子の小学校生活のスタートに、不安が全くなかったわけではなかった。

私と夫は体育館の保護者席に座り、新入生の入場を待ち構えていた。ところが、定刻を過ぎても始まる気配がなく、会場がざわめき始めた。「しばらくお待ちください」とのアナウンスがあり、周囲から「何があったんだろう」と囁くのが聞こえた。

10分程遅れて、ようやく新入生が入場してきた。音楽に合わせて手拍子を送る保護者たち。そして、クラス担任が紹介された。Aの担任は齋藤澄子先生。学年主任。ベテラン先生、という印象だった。

式が終わって教室に子どもを迎えに行くと、Aはかなりテンション高くはしゃいでいた。一見楽しそうに見えるけれど、戸惑っているのかもしれない。彼は不慣れな場面でいつも興奮してはしゃぎ過ぎてしまう。私たちはAを連れて齋藤先生に挨拶に行った。

「一年間どうぞよろしくお願いします。写真を一枚撮らせていただいてもいいですか?」にこやかなAと齋藤先生のツーショットが撮れて、無事に入学式が終わってよかった…と、その時はほっとしていたのだった。が…。

のちに「Aがトイレでゆっくりしていたために式の開始が遅れた」ことを知らされ、顔が赤くなった。

まさか、うちの子がトイレで遅らせたなんて…冗談であって欲しい。Aにそのことを尋ねると、

「そうそう。あのね、緊張してお腹痛くなっちゃったの。そしたら式を遅らせちゃったんだ〜」。

ニコニコ顔で話すAに、私は脱力するしかなかった。

2　給食に「みかん」

四月の半ば、学校給食が始まった。齋藤先生は、子どもたちが給食の時間が苦痛にならないようにと、それぞれ食べる量や好き嫌いへの配慮をしてくださっていた。四月の献立表を見ると、「夏みかん」という文字が目に留まった。み・か・ん…。嫌な予感がする。

あれはいつのことだっただろう。私はみかんを食べていた。甘酸っぱい、いい匂いが部屋中に広がった。そこへAがやってきた。「みかん食べる?」と声をかけようとすると、Aはなぜか部屋の隅にさっと隠れてしまった。何が起きたのか分からずAに近寄ると、「くさいよ、お母さん!」と半泣きで怒っていた。

みかんやオレンジジュースと言えば、子どもが好きなものの代表格なのに、Aにとっては違っていた。私や夫が柑橘類を食べたり、紅茶にレモンを搾ったりする度に、「オエ~。くさい」「お母さん、手のにおいが嫌だ!」と叫んで鼻をつまんで逃げていった。私は、家では柑橘類は避けよう、と決めた。

外食では周りに人がいるため、特に気を使った。例えば、大好きな唐揚げ定食にレモンが添えられていたら、「うえ~っ!　こんなの食べられない!」とパニックになり、隣のテーブルでオレンジを食べているお客さんがいたら「オエ~!」と叫んで鼻をつまみ、テーブルの下にもぐって出てこなくなり…。Aが柑橘類の匂いや味のする料理に対してどれほどの拒否反応を示すかを、私と夫は否応なく理解していった。そのうち、先手を打って注文したい料理に柑橘類が含まれていないかを店員さんに確認するようになった。アレルギーならまだしも、単なる好き嫌いで…と思われたかもしれない。

そうだ、とにかくこのことを前もって担任の先生に伝えておかなければ…。献立表に「夏みかん」の文字を見た朝、急いで連絡帳を開きペンを走らせた。

放課後、先生からの連絡帳を持ってAが帰宅した。それ読んで、今回のようにAの苦手なことを隠さずに周りのお友達に理解させもらえたら、齋藤先生に安心してお任せできると確信した。

Aには、まちがいなく担任の先生の理解と寄り添いが必要だった。

3　家庭訪問

初めての家庭訪問。朝から落ち着かなかった。

入学式から何かとお騒がせしているAの学校での様子が気になった。齋藤先生から前もって「Aさんのいないところでお話したい」とお願いされ、「小さい頃からの様子を聞かせてください」と言われていた。

帰宅後、Aは「担任の先生がぼくの家に来てくれた！」という珍しい状況に興奮して、私のことは視界に入らない。自分のお気に入りのものを次々に持って来て先生に見せては、

「これはね〜」と説明し、一方的にしゃべり続けている。

「ねぇA。今日はYくんと遊ぶ約束だったよね？　もう約束の時間だよ。行っておいで」

と声をかけると、もうそんな時間か！　とAは我に返り残念そうに、

「あ〜あ、もっと話したかったのに〜。先生、帰ってきても家にいてね！　行ってきま〜す」

と手を振り、何とか外へ出かけてくれた。

Aが出かけて静まり返った部屋。担任の先生と二人きり。沈黙に耐え切れず、私は恐縮して言った。

「いつもご迷惑をおかけしてすみません」

「いえいえ、Aさんはなかなか優秀なお子さんです。天真爛漫というか…。そんなAさんを見ていて思います。本当に愛情深くお育てになられたのだと……」

ふと、私は胸が苦しくなった。表情が曇ったに違いなかったが、笑ってごまかした。

なぜ胸が苦しくなってしまったのだろう。

小さい頃からAは全く人見知りをしなかった。初めての育児に戸惑い、初めて買った専門書には「人見知りをしないのは『愛情不足』」と書かれていて、余計に困惑してしまった。

また、Aはあまりにも落ち着きがなかった。例えば食事。一口食べたら席を立って走り回り、一向に食べ進まない。日が暮れてしまいそうなペースに疲弊して、私からAを追いかけて食べさせてしまうことも度々あった。それを見て、夫も互いの両親も「過保護だ」

と言った。「お腹が空いたら食べるよ。放っておきなさい」と呆れられた。ほとんど食べてくれず、低体重気味だったことを私は気に病んでいた。食事だけではない。医者に連れて行くと「お母さん、お子さんをちゃんと座らせてください！」と何度も叱られた。買い物に行けば、店内を運動会のように走り回り、パン屋では何度言い聞かせても素手でパンを次々に触ってしまう有様だった。

私は「子どもにはよくあることなんだろうな。失敗も経験。きちんと叱って、同じ失敗を繰り返さないように約束していこう」と考えていた。しかし、Aには全くもって通用しなかった。とにかく懲りなかった。「子どもの落ち着きがないのは、母親がきちんと叱っていないのだ。しつけが甘いせいだ」といつも周囲から白い目で見られている気がして、子育てに全く自信が持てなかった。

そんな私には「愛情深くお育てになったのですね」のひと言が、「とても甘やかして育ててきたのですね」と言われたように聞こえてしまったのだった。

「ところで…Aさんが小さい頃の話を聞かせていただけますか?」

齋藤先生に促され、書き留めたメモを取り出した。私はできるだけありのままを率直に話すつもりだった。以下は育児メモの抜粋である。

《育児メモから》

【生まれてから入園の頃までのこと】

・目が合わない　合いづらい
・抱っこされるのを嫌がる　嫌がってあばれる　のけぞる
・どんなに話しかけてもこちらを見ない　モノに話しかけているよう
・自分の足先をつかんで不思議そうに眺めている　足を口に入れる
・手足の他のものを口に入れようとしない　よだれがほとんど出ない
・ずり這い　ハイハイしない
・名前を呼んでもほとんど振り向かない
・おもちゃを見せても触らせても興味を示さない　目で追わない
・8か月でも腰の据わりが悪い　ひっくり返って何度も後頭部をうつ　一歳過ぎても歩かない
・歩き始めたらじっとしていない　手をつなごうとすると嫌がってふりほどき、好き勝手に歩き回る
・人見知りをしない
・隅っこ　狭いところが好き

・意思の疎通が難しい　こちらの意図を分かってもらえない
・一人だけ逆方向に回るなど、周りと違っていても平気
・二歳児健診　楽しそうに股下を何度ものぞき込む　保健師さんに「やることが月齢に比べて遅いので、訪問します」➡転勤による引っ越しで、訪問はなくなった
・飲食店で店員さんに、自分からハッキリ「お水ください」と言う「まだ二歳になったばかりなのに…」と祖母に驚かれる（言葉の遅れはなかった）
・引っ越し後　激しい後追いが始まる「お母さん、どこ？」と度々パニックを起こす　落ち着かない　家にいられない　裸足で外へ飛び出していく
・公園内で遊べない　着いてすぐ公園の外へ行ってしまう　追いかけると笑いながら逃げていく
・誰とも一緒に遊べない　立ち話もできない　本人も母も友達が作れず孤立
・食事中座っていられない　外食時は椅子に縛り付けないと脱走
・買い物中どこかへ行ってしまう　いつもAを探して追いかけている
・幼児教室に入っても自由奔放　叱られても平気で机の上に乗る、音楽を止めるなど先生を困らせる「うちの子、変わっていてすみません」と謝ると「そんなこと言ったらAさん可哀相ですよ」と諭される

☆【幼稚園の頃のこと】

・入園面接で　面接官の「指人形」「パペット」を見た後、トイレに鍵をかけて一時間以上こもる
・包帯やマスクをとても怖がる　私がマスクをすると不安そうな顔で「マスクとって！」
・とても苦手なにおいがある　においがすると嫌がって騒ぐ
・痛みに弱い　すれ違った人と肩がぶつかっても痛がってうずくまってしまう
・お友達との関わり方が下手　一方的
・一番になることにこだわる　負けず嫌い
・お友達とかけっこ　相手の腕をつかんで転ばせてしまうが本人は勝てて大喜び　叱ると怒りだし、謝ることができず走り去る➡相手の親子とこじれてしまった
・病院の診察　医師や看護師の指示が通らない　じっとできない
・人前（外）でパンツを脱いでしまったことがある
・遊園地やショーイベントで「着ぐるみ」を異常に恐がる　泣いて走って逃げる
・ファミレス　勝手に席を離れて走り回る　他のお客さんにちょっかいを出しに行く
・スーパーで走り回る　お肉などのパックをつつく　エスカレーターを逆走する
・どんなに叱ってもニコニコ　叱られている途中で他の話を始める
・迷路や算数が得意　「計算問題出して」とせがむ

・レジよりおつりの計算が早い　勝手にレジに入り電卓をいじる
・パソコンの使い方を覚える　子ども英語上級（ＤＶＤ）のゲームを独学で進める
・カードやボードゲームのルールをすぐ理解　お友達がルールを理解できないと怒る
・幼稚園の先生から「こういう子は先生泣かせ　私立の小学校に行ったほうがいい」と言われる
・自分の住所や電話番号などを知らない人（新聞の勧誘の人など）に平気でしゃべってしまう
・電車内で寝そべる「ここは座るところだよ、恥ずかしいよ」と注意しても「空いてるからいいじゃん」と起きようとしない
・大人びたしゃべり方　周りの大人から「何歳の子と話しているか分からない」と度々言われる

私はこのメモを基にして、Ａが生まれてから今までのことを、できるだけ具体的に分かりやすく先生に伝えた。齋藤先生は途中で話を遮ることなく、私の話に耳を傾けてくれた。一気に話し終えると、胸の中の重石が軽くなった気がした。私はずっと誰かに聞いてもらいたかったのかもしれない。中には他人には信じられないような、また笑いを誘ってしまいそうな話もあったが、先生はメモを取りながら、最後まで真剣な表情で聞いていた。

私の話の後、何故か先生はしばらく沈黙していた。私は『何か変なことを話したかな…』と不安になっていると、私の肩に軽く手を置いて一言、

「お母さん。よく話してくれましたね」

と言ってくれた。ほっとした。脈略もない話を、何も否定せず、ただ受け止めてくださったことがありがたかった。

これまで園や習い事の先生方には理解してもらえなかったこと、相談できなかったことがたくさんあった。でもこの先生になら…齋藤先生になら…きっと分かってもらえるのではないか…と最初に感じた瞬間だった。そしてこの家庭訪問以降、私は何でも連絡帳を通じて先生に相談するようになった。

＊入学からひと月が経ち、子どもたちも少しずつ学校生活に慣れてくる頃。一方でAさんの行動も目立って活発になっていった。Aさんの小さい頃の話を聞いた筆者は、学校生活においても配慮が必要な児童だと認識し、教育活動を展開していった。しかし、次々と気になることが起きていった。

三　小学校生活の中で

1　授業中の活躍

①　早く勉強したい！

一年生も五月の連休明けには、少しずつ本格的な学習が始まる。それまでの授業は、給食当番の仕事や掃除の仕方など「学校に慣れる」ことを「めあて」にしたような学習が多かった。その頃、Aさんはよく授業中に大きな声で、

「せんせい、はやくべんきょうしてくださ〜い！」

と言っていた。筆者は、

「あのね…Aさん、こういうことも大切な勉強なんですよ！」

と説明したが、Aさんには学校のきまりなどの学習は退屈そのものといった感じで「英語の勉強したいなぁ…」などとつぶやいていた。

算数の学習でたし算、ひき算の学習が始まったとたん、Aさんの大活躍は誰の目にも明らかだった。

計算は誰より早く、テストはいつも満点だった。教えなくても学習はよくできるので、手を挙げて自分の意見を発表したい気持ちが強く、いつも教室には元気よく「は～い！は～い！」というAさんの大きな声が響いていた。ただ、自分が指名されない時に、

「あ～、ちぇっ…つまんないの…」

等と言ってしまうことがあったので、Aさんに言った。

「授業はみんなでつくるものだから、Aさんばかり指名できないんだよ。だから、自分が指されない時もがっかりしたり文句を言ったりしないことが大切なんだよ…」

Aさんは、不本意そうに、

「は～い…」

と言った。

しかし予想通り、この約束はなかなか難しい約束だった。Aさんも頭では「意見は手を挙げて言う」という約束を理解していたが、つい夢中になると行動が先に出てしまい、注意を受けることが増えていった。

「Aさん、手を挙げないで勝手に答えを言ってしまったら、手を挙げているお友達はAさんに勝手に答えを言われてしまってやる気をなくすよ…。だから手を挙げて指されてから

答えてね」

「だって、先生全然指してくれないし……」

「いつもAさんばかり指名できないって、前にも言ったよね…。授業はみんなでつくるものだから…。自分が指されない時も我慢してお友達の意見を聞くのも勉強だよ」

先生に「我慢して…」と言われ、Aさんにとって授業はだんだん「つまらないもの」になってしまったようだった。

Aさんは自分がいけなかったことも分かっているので、よく指名されないで答えを言ってしまった後、自分の手で口を塞ぐ動作をすることがあった。本人は悪気があるわけではなく「つい、言ってしまうのだな…」ということが筆者にも分かってきたので、強く叱ることはしないようにした。その代わり無言で「気を付けて…」というサインを出して注意を促すようにした。

筆者はこの頃から、Aさんの力を生かしつつ、Aさんに合わせた授業参加の方法を考える必要があると思い始めていた。

授業はAさんだけでなく、学級全体の子どもたちが満足するものにしなくてはいけない。Aさんの能力を上手に生かしながら、学級全体が高まっていく方法を模索していた。ただ、子どもたちに指導している「授業中の約束」は、みんなの約束であるから、「Aさんは守らなくていいよ」とは言えないので、ここはクラスの子どもたちを巻き込んだ指導を考え実践していくことを決意した。

そして筆者は子どもたちに言った。

「Aさんにも気を付けるように注意し続けるけど、Aさんが答えを言ってしまっても、みんなは気にしないで手を挙げて言って欲しいな。例え同じ答えでもちゃんと手を挙げて指されてから言った方が『正解』ということにするよ！…」

それからはAさんが答えを言った後でも、子どもたちはちゃんと手を挙げて答えを言うようになった。筆者は子どもたちを褒め続けた。Aさんもそれを見て、注意を受けなくても少しずつ自分から気を付けるようになっていった。

無意識のうちに衝動性が出てしまう場合でも、やはり自分が納得して「改善したい」と思えば、コントロールする力はあるのだとAさんの行動を見ていて思った。少なくとも「怒られて直す」よりは教育的だったと思う。Aさんは理解力が高いので、自己認知できた課題については、かなり改善できる力があった。

筆者はこの頃Aさんに、自閉スペクトラム症（以下ASDと記す）や注意欠如・多動症（以下ADHDと記す）の特性に近いものを感じ、特性に合った指導を心がけるようにしていた。

★ コラム3　手を挙げないで発言してしまう子ども

ＡＤＨＤ傾向のある衝動性が高い子どもは、理屈では分かっていても行動が先に出てしまうことがある。

その衝動性を指摘されて怒られてばかりいると、『自分は悪い子』とか『何度言ってもできない』という劣等感が高まり、自暴自棄になったり自尊感情が低くなったりすると言われている。Ａさんへの指導については、周りの子どもたちを巻き込み、「みんな苦手なことがあっても当たり前だから、お友達に直せないことがあっても気にしないで、みんなはみんなで手を挙げて発表してね」と言い、手を挙げて発表した子どもを認めるようにした。そうすることでＡさんには、間接的にその課題意識を強化することを試みた。

不思議に思ったことは、クラスがそれを認めて落ち着いてくると、Ａさんの衝動性も改善に向かったことである。

やはり学級と個人の関係は双方向に影響しているのだと感じた。周りの子どもが満足していないと、学級経営も個別に配慮が必要な児童への指導・支援も、よい方向に進まないことが往々にしてある。

②　友達の気持ちを考えること

またある日の授業中、Aさんを強く叱ったことがあった。Aさんが、絶対に言ってはいけないことをクラスの児童に言ってしまったのである。

それは帰りの会の時に起きた。「今日一日を振り返って」のコーナーで、Aさんはいつものように元気よく「は〜い！　は〜い！」と言いながら手を挙げ、日直に指名されると嬉しそうに起立し、元気よく自信たっぷりに言った。

「Cさんは、今日一日、一回も手を挙げていませんでした！」

『え〜！…何ということを言うのだ！』と心の中で怒りが湧き上がってくるのを感じつつ、Aさんの隣の席のCさんを見た。Cさんは今にも泣きそうな顔をしていた。筆者は思わず強い口調で、

「どうして、そんなこと言うのですか？　Aさんがそんなこと言う必要はないです！　言ってはいけません！　Cさんに謝ってください！」

と声を荒らげて言ったが、Aさんには、うまく伝わらなかったようだった。

そして、Aさんは不満そうな顔でポツリと言った。

「ぼく、本当のことを言っただけなのになぁ…」

この件で保護者に連絡をしたが、Aさんは保護者に「ただ先生に怒られた」ことだけを

伝えていて、「怒られた理由はよく分からない」ようだった。本人にすれば、『本当のことを言っただけなのに、なぜ怒られるのか…』という不本意な気持ちだけが残ってしまったのだろう。

『Cさんがなぜ手を挙げなかったのか…本当は手を挙げたくても答えが分からなくて、挙げられなかったのかもしれない』ということを、筆者が説明（解説）して、Aさんはやっと『ひどいことを言ってしまった』と気付くことができた。そしてAさんにはこれからの課題として、

「本当のことでも、言う前にちょっと考えて言って欲しいな。本当のことでも言ってはいけないことがあるんだよ」

と言った。

ただこの課題は、入学してまだ日が浅いAさんには高いハードルだったことは言うまでもない。

★ コラム4　本当のこと、言ってはいけないの？

発達に課題のある児童は「相手の気持ちを考えること」が苦手である。その為、自分の発した言葉で相手が傷ついても、気が付かないことがある。自分では何が悪いのか分からないのに叱られるので、ただ「怒られた」ことだけが記憶に残ってしまう。

以前、こういうことがあった。

ある雨の日に、かわいい絵柄の入った真っ赤な傘を新調し、学校にさして来た子どもがいた。周りの子どもたちが昇降口で、口々に「○○さんの傘、かわいい～！」と言っていた。そこに同じクラスのDさんが来ていきなり、「○○さんの傘、血の色だ。血がたくさん出ているみたい！」と言った。Dさんの言葉に誰もが驚き、○○さんは泣いてしまい、子どもたちは大騒ぎになった。

現場に行ってみると、傘をささずに悲しそうに泣いている○○さんと、先生に言いつけられて憤慨しているDさんの姿があった。Dさんいわく、

「赤が血の色って、本当のことを言っただけなのに、なんでいけないんだよ。僕は全然、悪くない。悪口なんか言ってない！」

筆者はそういうDさんの言い分を認めた上で、「血が出る時って、すごく痛いことが多かったり、びっくりすることが多かったりするから、きっと○○さんは『血の色』って言われて、痛かったことを思い出して嫌な気持ちになったのではないかな」と言った。するとDさんは、○○さんの泣きだした理由に納得した様子で、『じゃあ、僕が『血の色』って言わなければよかったのか…』と気付くことができた。

この事例から分かるように、こういう子どもたちには『解説』が必要なのだ。頭ごなしに「言っていいことと悪いことがある！」と叱っただけでは、納得しない。自分が発した言葉と相手の気持ちの間に『何があるのか』ということを想像することが苦手な子どもである場合は、『なぜいけないのか』『なぜ、相手が悲しい思いをしているのか』を指導者が詳しく説明（解説）する必要がある。

また、逆の立場で人からものを言われた時も、その言葉通りに捉えてしまい、言葉の裏にある人の感情や背景まで理解しないので、適切なコミュニケーションを図ることが難しい。Aの場合も、相手が気を遣わせないように言った「大丈夫」という言葉をそのまま捉えてしまい、トラブルが大きくなってしまったことがあった。

（第一章 四 4 教育相談に行くきっかけになった友達のケガ 64頁〜を参照）

2　保健室通い

学校には、教室から出て保健室へ行くことを好む児童がいる。体調不良の時はもちろんであるが、それ以外にも「勉強したくない」とか「教室にいたくない」とか…その子なりの理由があって、教室から出て保健室に行く子どもたちの姿を何度も見てきた。今や、目に見えるケガや病気だけでなく、子どもたちの心のケアが保健室の大切な仕事のひとつになっている。

Aさんの場合も、一年生の五月頃から保健室通いが始まった。初めての保健室行きは「足首の痛み」だった。Aさんの連絡帳の記録によると、五月十日の下校時に足の痛みを訴え、私が付き添って保健室まで行った。そして一人での下校は、心配だったので保護者にお迎えを頼んだ。

五月十日と言えば、ゴールデンウィークが終わってすぐのことである。足の痛みを訴えた理由は、よく覚えていないが、体育でケガをしたとか友だちとのトラブルがあったとか…そういう記憶はない。突然「いた～い！」と言ったような記憶がある。翌日の連絡帳には、母親のいつもの丁寧な字でこう書かれていた。

《その日の連絡帳でのやり取りから》

5月11日：保護者から

昨日は下校時のお忙しい時に、Aを保健室まで連れて行き、お見送りまでして下さって本当にありがとうございました。「痛かったのはどこ？」と聞くと右の足首の辺を指していましたが、元気に家まで歩いていきました。また、以後は痛がりませんでした。どうもご心配をおかけしました。

5月11日：担任から

ご丁寧な連絡をいただき、ありがとうございました。無事に下校できてよかったです。足の方は様子を見ながら学校でも生活していくように進めていきます。

今日席替えをして少し左側の席にいきましたが、一番前ですから机を傾けて前が見やすいように考えていきます。不自由なことやお気づきの点があれば教えてください。

私は保護者からの連絡帳を見た時、長年の教師経験から『ひょっとしたら、ちょっと甘えん坊になったかな…？』という思いも心に浮かんでいた。一年生の児童が五月の連休明けから、登校を渋ったり体調不良を訴えたりすることはよくあることである。事実、Aさんが体調不良を訴えて保健室に行った後に様子を見に行くと、とても元気そうにしていて、楽しそうな顔で養護教諭と話し込んでいたりすることが多かった。

その後、体育の時間に二回くらい続けて転んだり鉄棒に顎をぶつけてしまったりで保健室のお世話になった。そんな具合で、保健室がAさんにとっては身近な場所になっていき、ついに六月の終わりくらいには保健室行きが日課のようになっていった。六月二〇日には「休み時間に登り棒で遊んでいて背中をぶつけちゃった…あいたた…」と言って自分一人で保健室に行き、湿布を貼ってもらうということがあった。私は、その時のことを連絡帳に、『大丈夫！…』と言ってしまってもよい程度かと思いつつ、念のための保健室通いが習慣のようになってしまっています…と書いている。その翌日の母親からの返事は『さすが！』と思える内容で、Aさんの状況をレポートしていた。

6月21日：保護者から

帰って来るなり、Tシャツをめくって背中を向け、「見て！　貼ってもらったんだ！」と（嬉しそうに？）報告されました。毎日のようにお世話になっているようなので、私の方からも「（保健室に行くのは）本当に必要な時だけにしてね…」という話をしました。あまりきつく言うと（「そのくらい大したことないでしょ！」などと…）、本人しか分からない痛みを否定してしまうことになるので…また、ご面倒をおかけすると思いますが、よろしくお願いいたします。

6月22日：担任から

そうですね…その通りだと思います。そのうち自分でも加減が分かってくると思いますので見守っていきたいと思います。

筆者と養護教諭は、保護者の思いを受け止めた上で、Aさんへの対応についていろいろ話し合い、同じ目線で対応できるように取り組んでいった。当時の養護教諭は着任したばかりで、まだ仕事にも慣れていなかったが、児童の実態に合わせてよくサポートしてくれ、担任の力になってくれた。学級担任と養護教諭の連携は、児童一人ひとりを見守っていく上でとても重要である。

その時から10年以上の月日が経過したが、先日偶然にも当時の養護教諭だったYさんと連絡が取れた。そこで彼女に「Aさんのことを覚えているか」聞いてみた。Yさんは、Aさんが発酵乳のパックを開く時にケガをしたことをはっきりと覚えていた。Yさんにとっても、Aさんは印象深い児童だったようだ。

★コラム5　保健室は心と体の避難場所？

いつの頃からか、保健室に子どもたちが溢れるようになっていた。

Aさんもそうだったが、発達に課題のある児童は、同級生と話すより大人と話す方が話しやすいという子どもたちが多い。大人は自分の言いたいことをうまく察してくれたり、思ったところで相槌を打ってくれたりするから、話し相手としては同年代の友達よりも話がしやすい……ということらしい。

保健室は子どもたちの心と体の健康をサポートしてくれる場所だから……という理由で、自分の過ごしやすい居場所として認知する児童が増加している。発達に課題のある児童は、一日中教室のような多くの人に囲まれ、にぎやかなところにいるのが苦手だという理由で、心の一時的な避難場所として保健室を利用することもある。このような子どもたちにとっては、教室以外の居場所づくりも必要なのである。

しかし一方で、感染症対策などの点を考えると、病気ではない児童が気軽に保健室を利用することで、病気を移される危険性も否定できない。そこで、次のような約束を作って、保健室を利用する時、必ず約束するようにした。

【保健室に行く時の約束】
★保健室に行く時は、必ず先生に伝えてから行く。
★保健室に行っても、具合の悪い人がいた時は、なるべくそばに行かないようにして、静かにしている（話す時は小さい声で話す）。
★保健室の先生の仕事の妨げにならないようにする（具合の悪い子のお世話をしている時は話しかけない）。
★とても調子が悪い時以外は、15分くらいで教室に戻れるようにする（15分で戻れない時は、先生が迎えに行く）。

Aさんの場合も「保健室利用の約束に沿って保健室を利用することが許可された」という理解が進み、堂々と「ちょっと保健室に行ってきます」という言葉が出るようになった。15分ルールもきちんと守られ、だんだん滞在時間も短くなっていき、夏休み明けには、ほとんど保健室通いも必要なくなっていった。

現在では学校によって、特別支援教室など保健室以外に、子どもの居場所を作り、集団の中に一日いることがつらくなった時の避難場所を確保している学校も増えてきている。

3　友だちとの関わりの中で

Aさんは、周りの子どもたちから見ると「頭がいい人」という見方をされていた。確かにテストの点数はいつも高く、授業中の発言も多い。だから「頭がよくて勉強ができる人」というのは間違っていなかった。しかし、一方で友だち関係はスムーズではなかった。

例えば、休み時間に一人で遊ぶことが多かった。外に出てジャングルジムなどの固定遊具でよく遊んだり、教室に残り自由帳に大好きなドラえもんを描いたりして過ごしていた。徐々にドッジボールなど、何人かの友だちと遊ぶことが多くなったが、休み時間が終わると教室に戻って来てブツブツ言うことが多かった。遊んでいる間の友だちとのやり取りがうまく成立していなかったようで、不満を漏らすことが多かった。

「僕はボールに当たってないのに、○○君に当たったたって言われた！」とか「いつも△△ばかりにボールが行くからずるい…」というように、本人的には納得がいかないことや不本意なことがあり、せっかくの休み時間を楽しく過ごせないで帰って来ることが少なくなかった。私はその都度Aさんの話を聞き、相手の子どもに状況を確認したが、周りにいた子どもたちは口をそろえて「そんなことないよ…」と言った。

『どうも、Aさんの思いと子どもたちの思いがうまく繋がっていないようだな…』というのが、私の気がかりな点であった。

4　二年生になって

Aさんの学年は、一年生の時は三学級編成でスタートしたが、二年生に進級する時に二学級になり、クラス替えがあった。三クラスの時は26人だった一学級の人数が、39人となり、新しい学年が始まった。

その新しい学級には、Aさんの苦手なEさんがいた。Eさんとは一年生の時は隣のクラスだったが、時々下校途中にトラブルが生じていた。できれば二人が同じクラスでない方が望ましいと思われたが、学校事情もあり同じクラスになってしまった。

実際にAさんとEさんは、日々を過ごす中でことごとくぶつかり、その都度二人を指導する日々が続いた。EさんはAさんと全くタイプの異なる児童で、Aさんが多弁で相手を刺激しやすいことに対して、Eさんは多くを語ることなくすぐに手が出てしまうタイプの児童だった。この二人のやり取りで忘れられない出来事がある。

【エピソード1】そこ、どいて！　＊＊＊＊＊＊＊＊＊＊＊＊＊＊

Aさんは登校するなり、

「おなかがいた～い！　いた～い！」

と言って床に寝転んでしまった。そこにEさんが登校して来て、

「そこ、どいて！」

と言った。しかし、AさんはEさんの言葉がよく聞こえなかったのかそのまま床に寝転んでいて、Eさんの通る道を開けることがなかった。Eさんはだんだんイライラしてきて、

「どいてくれなかったら、踏むよ！」

と言った。そして…本当にAさんの上を歩いてしまったのだ。Aさんの驚きとショックは言うまでもない。Eさんに上に乗られて、

「いたい！　いたい！　死にそう！…」

と大きな声で泣き叫び、教室中が大騒ぎになってしまった。始業前の打ち合わせで、職員室にいた私の所に子どもたちが大挙して押し寄せ、

「先生！　大変だぁ～！　Aちゃんが死にそう…と言っているよ～！」

と言った。私は本当にびっくりして、職員室を飛び出し、廊下を走って教室に向かった。そこには痛い、痛いと泣き叫ぶAさんの姿とその横に仁王立ちになっているEさんの姿があった。

Eさんが Aさんの上を歩いてしまったというのは事実だったようで、痛がるAさんを養護教諭に引き渡し様子を見ることにした。しかしEさんは、相手にケガをさせてしまったという反省の色はなく、

「あいつが悪い。どいてって言ったのにどいてくれなかったから、あいつが悪いんだ！」

と何度も叫ぶように言った。

＊＊＊＊＊＊＊＊＊＊＊＊＊＊＊＊＊＊＊＊＊＊＊

このような二人の衝突が続く日々の中で私は『何とかしなければ…』と焦り始めていた。Aさんは、Eさんと相性がよくないというだけでなく、何か機能的な課題を抱えているのではないか…と思い始めていた。

Aさんは、二年生になり、学級人数が増えて周囲からの刺激が増すようになったせいか、落ち着かない様子で、他の数人の子どもたちともトラブルになることが目立つようになった。そんな時は決まって「僕は悪くない！」という主張が激しく、友だち同士で話し合って解決できる状況ではなかった。そんな繰り返しを見ているうちに、何かAさんの「こだわり」のようなものが見えてきた。Aさん特有の「こだわり」は何だろう？……研修で勉強してきた「アスペルガー症候群」の特徴とAさんの実態が重なり、Aさんの特性に応じた指導を強化する必要がありそうだと思い始めていた。『そのことをAさんの保護者に七月の個人面談で話して、教育相談を勧めてみよう…』と考え、スクールカウンセラーに事前に相談を持ち掛けた。スクールカウンセラーは教室まで彼の様子を見に来てくれて「やはり、一度保護者に教育相談を勧めてみてください」と言った。

夏休みに入る少し前の暑い日の午後、私は個人面談で、Ａさんの保護者にこう伝えた。「Ａさんは勉強もよくできるし、明るくて快活ですばらしいところがたくさんあるのですが、友だちとのやり取りでつまずくことが多いように思います。もしかするとコミュニケーションの力が弱いのかもしれません。一度、心理の専門家であるスクールカウンセラーに相談をされてみてはいかがでしょうか？……」

面談に訪れた母親もＡさんが「学力的にはとても高いのに、その場に合った判断や言動ができないこと」を気にかけている様子だった。そしてこの面談の後、すぐにスクールカウンセラーの予約を入れた。

そして個人面談の翌日、ついにＡさんが仲良しの友だちに大きなケガを負わせてしまう事故が起きてしまった。この事故を受け、Ａさんの保護者はすぐに療育センターにも予約を入れた。それればかりでなく、Ａさんの保護者は心療内科の受診まで考え、実際にＡさんを連れて、医療機関にも相談に行った。私は担任として特別支援教育センターに繋ぐことも視野に入れて動いた。特別支援教育センターは予約待ちが半年というところを、運よくキャンセル待ちで順番が来て、教育相談を実施することができ、Ａさんへの支援の道筋がようやく見え始めていった。

★コラム6　保護者に教育相談や受診を勧めるタイミングについて

教師は自分が担任している学級の子どもに抜き差しならない課題を感じた時に、『もしかするとこの子は発達障害？』という思いを抱きがちである。しかし、教師は医師ではない。安易な気持ちで子どもにレッテルを貼ることは厳禁である。

筆者はAさんについて前述のような気になるエピソードがいくつもあったが、それでもAさんの保護者に教育相談を勧めるまでに一年以上かかっている。一つの理由として、Aさんの母親が第二子を懐妊されたということもあり、母親の状況が落ち着くまで教育相談の連絡を避けていたということがある。しかし、それだけではない。Aさんは小学校一年生だったということもあり、子どもも保護者も学校に慣れるのに時間を必要とするし、担任への信頼を得るためにも多くのやり取りを重ねる必要があったからである。信頼関係を築くことが大前提なのだ。

学級担任が気軽に発した言葉でも、そのひと言が保護者や児童の家族を深く傷つけてしまうということがある。教師が、保護者に教育相談や医療機関への受診を勧める際には、少なくとも以下のような状況を確認してからにすべきであると考える。

①　学級担任として発達障害等の知識や研修経験があり、児童に対してその情報に

基づいた指導や対応を行い、その記録を残している。また必要に応じてその記録を活用（開示）することができること。

②　学級担任一人でなく、複数の教諭（学年主任、特別支援教育コーディネーター、養護教諭など）で情報を共有し、数回協議した結果として、保護者にもその情報を伝える必要があると判断された場合。

③　学級担任として保護者からの信頼を得ていることはもちろん、家庭における児童と保護者との関係性にも着目し、教育相談を勧めることがよりよい状況に進展するという確信がある場合。

なお、学校にはスクールカウンセラーが配置されていると思うので、医療機関への受診についてはカウンセラーとの教育相談を通して慎重に勧めることが望ましいと思う。担任は教育的な目で児童を見ているので児童の特性に医療的なケアが必要か否かは分からないが、スクールカウンセラーは臨床心理的な眼で児童を見ることができるので、保護者に医療機関への受診についての助言ができる強みがある。

ちなみに筆者はAさんのケースも含めて、医療機関への受診を自分から直接勧めたことはほとんどない。しかし担任としてスクールカウンセラーと連携することで、医療的なケアが必要な児童はスムーズに医療機関に繋がってきた。担任と保護者の間にいるスクールカウンセラーの存在は支援の道筋に繋ぐ鍵であると考える。

＊Aさんは友達にケガをさせてしまった後、急展開で関係機関に繋がっていった。保護者は、教育相談等の様々な立場からの助言や診断を、どのように受け止めたのだろうか。

四　何かおかしい？　うちの子、発達障害？（河西）

1　うちの子は普通です！

一歳の頃、義父に言われたことを思い出す。

「Aは呼んでもちっとも返事しないなぁ。自閉症じゃないか？」私は耳を疑った。私が初めて産んだ子。五体満足で産んだはずの大事な息子に「自閉症か？」だなんて、なんてことを言うのだ！　悲しかったし、怒りも覚えた。ただ、確かに呼んでも振り向かないことが多く、気にはなっていた。抱っこすると暴れ、目も合いづらかった。けれども、成長するにつれてAは口が達者になり、表情も豊かになった。英語もどんどん覚え、三歳から勝手に数字を書き、いつのまにか計算もできた。とにかく飲み込みが早かった。まるでテレビで見かける「天才少年」みたい、と思った。こんなに頭がよくて何でもできるのに「自閉症？」ありえない。我が子に障害があるなんて、そんなことあるわけがない。

義父は生まれてからずっと、Aを目に入れても痛くないくらいに可愛がってくれている。

もうあの時言った言葉を忘れているかもしれないし、私も懐かしいエピソードのひとつとして笑い話にしたかった。

2　兄弟誕生

入学してまもなく、お腹に第二子…Ａの兄弟がいることが分かった。Ａは「サンタさんにお願いしたからだね！」と喜んでくれた。私は当時引き受けていたＰＴＡの役員を無事に務められるか心配になった。齋藤先生に報告すると、「お母さん、まずはお体を大事にしてくださいね。私は、Ａさんのお母さん代わりもしますから」と、励ましの言葉をかけてくれた。Ａは学校生活にもすっかり慣れて楽しく登校していた。しかしＡのことだからきっと日々「やらかした」に違いなかったと思うが、先生は私の体を気遣ってか、私を心配させるような連絡事項を控えてくれたように思う。そのおかげで、第二子出産まで、Ａと二人の時間を大切に、穏やかに過ごすことができた。下の子が生まれたら、Ａはどんなお兄ちゃんぶりを発揮してくれるのだろう…という楽しみもあった。

奇しくも一年生最後の授業参観の日に第二子が誕生し、Ａは二年生になる前に、弟が生まれてお兄ちゃんになった。

3　進級と不安な日々

やがて四月が訪れ、Aは二年生に進級した。次の担任の先生は誰だろうか。もう齋藤先生のようには甘えてはいられない…しっかりしないと…と思っていたが、始業式の日。Aは帰って来るなり、「お母さん！　また齋藤先生になったよ！」と笑顔で言った。また齋藤先生に見ていただける…。私は張りつめていた気持ちが一気に解け、涙ぐんだ。

しかし、担任の先生は同じでもクラス替えをしているので、Aは新しく一緒になったお友達と毎日のように大なり小なりトラブルを起こした。喧嘩の仲裁に入ってくれたお友達に「お前には関係ないだろ！　あっちいけ！」と言って泣かしたり、癇癪を起して、ランドセルを投げてしまったり…。投げたランドセルが、お友達に当たってしまい「いたい！」と言われたAは、謝るどころか「僕じゃないよ！　ランドセルでしょ。だいたい、そんなところにいるからいけないんだよ」と返したという。私は耳を疑った。齋藤先生はそんなAに対して友達と関わる力が課題だと言いながら、一つひとつ丁寧に指導してくれた。そして連絡帳等で連絡をしてくれた。Aの言動は何か意味があるのか…不安になることもあったが、先生の指導にお任せして様子を見ていた。

Aは校内だけでなく学校から帰って来た後も度々事件を起こした。ある日、Fちゃんが血相を変えて私を呼びに来た。「Aちゃんのママ！　Aちゃんが大変。高学年の子と喧嘩になっちゃった！　今すぐ来て！」

駆け付けると、公園でAが泣きじゃくっていた。「だって、だって、僕たちだってここで遊びたいのに五、六年生が占領するから、文句を言っただけなのに…」。悔しさが滲んでいた。ただ、その言い方が「きみたち！　そこをどきたまえ！」だったらしく、相手がカチンときて、騒ぎが大きくなってしまったようだ。

またある日は、公園に迎えに行ったAが気持ち悪そうにしきりに唾を吐いている。「何？どうしたの？」と聞いても、答えられる状態ではなかった。Aの代わりに、目撃したお友達が教えてくれた。

「あのね、知らない子たちがね、『お前、この葉っぱ（枯れ葉）食ってみろよ』って命令したの。そしたらね、Aさん、ほんとに葉っぱを食べちゃたの…」

え〜！　なんてこと！「命令した子はどこ？」「もういない…」そんな命令をした子に腹が立った。が、同時にAはなぜ言われたとおりに枯れ葉なんて口に入れたの？　食べ物じゃないことくらい分かるのに。何で嫌だって言わなかったの…？　私の頭の中は疑問符で埋め尽くされた。

こんなこともあった。たかオニ（高いところにいればつかまらない鬼ごっこ）をしていたAは、あろうことか、駐車場に停まっている車の上に乗ってしまった。車の屋根やボンネットは凸凹になり、弁償せざるを得なくなった。「人のうちの車に、許可もなく乗ってはいけません！」と叱った翌日、今度は同じ駐車場に停まっていた大型バイクにまたがっていた。また勝手に人様のものに…。車がダメならバイクもダメなのに…。

なぜこんなことも分からないのだろう？　Ａは学力的にはとても高いのに、その場に合った判断や言動ができないことが多かった。

4　教育相談に行くきっかけになった友達のケガ

そんなこんなの日々の中迎えた七月初旬の暑い日、毎年恒例の夏休み前の個人面談があった。懇談の中で、齋藤先生から初めて「教育相談」を勧められた。入学時からの担任の先生が勧めるのだから『Ａには何かあるのかな…？』という漠然とした不安な気持ちになった。何かあってもなくても、とりあえずスクールカウンセラーの先生との教育相談に予約を入れた。

そして個人面談の翌日、とうとう決定的な出来事が起きてしまった。

放課後スクールで遊んでいた時のこと。Ａは「Ｇくんが僕の手提げを隠した」と思い込んで腹を立てて、唐突にジャングルジムの上にいたＧくんの足元を蹴飛ばしてしまった。無防備だったＧくんは、Ａに蹴られたはずみで転倒し耳の後ろを遊具の尖っているところでパックリと切ってしまった。かなりの出血だったらしい。

そんなことがあったのに、Ａはいつも通りの様子で帰宅し、何も言わず、ゲームで遊んでいた。

　そこへ電話がかかってきた。Gくんのお母さんからだった。

「あの…うちのGが、Aちゃんにケガをさせられたらしいのですが…。何かご存じですか？」

　事情が全く呑み込めない。私は、

「ごめんなさい、あの…すぐにかけ直します」

　と言って一度電話を切り、Aに事情を聞こうと呼んだ。ゲームを中断させられたAは「いいところだったのに…」と不満そうな顔をしながら、しぶしぶ放課後スクールでのことを話し始めた。

「Gくんが僕のものを隠したと思って、頭にきて蹴ったんだ。その時に頭をケガしたみたいだけど、先生が『大丈夫、大丈夫』って言いながら手当てしてたよ。だから、大丈夫なんでしょう？」

『それが一体どうしたんだ』というような、どこか他人事のような言い方だった。大事なお友達を自分の思い込みからケガをさせておいて、この子はどうしてこんなに平気なのだろうか。怒りと情けなさがこみ上げた。それを聞いて急いで帰宅した夫も、かなり激怒していた。一緒にGくんの家に謝りに行った。夫はGくんのお母さんの前でAの頬にビンタをしながら何度も頭を下げて謝った。私も何度も頭を下げた。Aは「ごめんなさい」とひと言謝ったものの、私の目には『何で僕はこんなに怒られているの？　分からないよ…』

という表情に映った。

　数日後、私は改めてAを連れてGくんに謝りに行った。ケガは大丈夫だったどころか、何針か縫ったと聞いた。Gくんの頭には包帯が巻かれ、痛々しかった。普段は元気いっぱいのGくんが、「もう大丈夫だよ…」と、か細い声で言った。持参した菓子折りは受け取ってもらえなかった。ずっと仲良くしてきたGくんとお母さんに、ただただお詫びすることしかできず、とても悲しい気持ちだった。

　Gくん宅からの帰り道、Aはとても嬉しそうに私に言った。

「お母さん、よかったね。Gくん、『もう大丈夫』だって！」

　驚いた私は、

「何言ってるの？　大丈夫なわけがないでしょう！　元気なさそうだったし、まだ痛そうだったじゃないの」

　と返したが、

「だって、Gくんが『もう大丈夫』って言ってたもん！」

　会話はどこまでも平行線だった。

　夫がその頃読んでいた漫画雑誌の登場人物に気になる少年がいた。それは、「アスペルガー症候群」の少年だった。場の空気が読めない少年の言動は、周囲に理解されず反感を買った。少年は周囲の反応に戸惑い、苦しんでいた。注釈には、アスペルガー症候群は発達障害の一種である、と書いてあった。初耳だった。しかしこの少年の物事の捉え方、言動は、どこかAと似ているような気がしてならなかった。

Gくん事件で混乱していた私は、齋藤先生に再度個人面談の時間を作ってもらった。Gくんにケガをさせるまでのいきさつや、その後の腑に落ちないAの言動を伝えた。その言動が、漫画に出てくる気になっているアスペルガーの少年に似ている気がする、と余談のつもりで付け加えた。

先生の顔色が変わった。

「お母さん。漫画じゃなくて、もっときちんと勉強されてください」

余談のつもりだったのに。

発達障害？　うちのAが？　まさか……。

5　これからどうすればいいの？

Gくん事件を受けて、齋藤先生から地域にある「療育センター」への受診も勧められ、予約の電話をかけた。予約が取れたのは三ヶ月も先だった。なぜこれほど混んでいるのだろう。私は知らない世界の入り口に立っている感覚だった。

まもなくして、先生に勧められて先に予約しておいたスクールカウンセラーさんとの教育相談の日がやってきた。私はスクールカウンセラーさんに、Aが地域の療育センターへ受診することになった経緯を聞いてもらった。

そして、私は、その頃一番悩んでいたことをスクールカウンセラーさんに聞いてもらった。

夫はAを大事に思ってはいたが、Aにとても厳しかった。叱る時に「何度言ったら分かるんだ！」と大声で叱り、ゲンコツすることもあった。Aが痛い思いをする度に私の心は痛み、私のしつけが悪いから…と自分を責めていた。夫の接し方は正しいのか。私は、どう接していけばいいのか。助言をしてもらった。

スクールカウンセラーさんは優しい声で、こう言った。

「お子さんの特性を家族みんなで共通理解することが大切なんですよ……」

そして、
・体罰に意味はない（かえってマイナスになる）
・叱る時は感情的にならず、ひとつひとつ理解させる
・お父さんの協力が不可欠
という具体的なアドバイスをしてくれた。でも…このアドバイスを私の口から夫に伝えても、なかなか納得してもらえないかもしれない。『特性を共通理解する』と言われても、どこをどう理解すればいいのか…。頭の中が整理できない。療育センター受診は、Aに対するこれまでの接し方、見方を変えるきっかけになってくれるだろうか。やっぱりAは発

達障害と言われるのだろうか…。不安でいっぱいだった。

受診までの三ヶ月間は、じっと待つには少し長過ぎた。夫と相談して、民間の子ども心療内科にも診てもらうことにした。

診察の日、受付で簡単な問診票を渡された。気になることはなんですか、などいくつかの質問が書いてあった。落ち着きのなさ、数字などに対するこだわりが強いこと、言葉通りに受け止めて人の気持ちが分かりにくい、大人びた言葉遣いをする割に場の空気が読めない…ことなどを記入した。

Aは名前を呼ばれると元気よく返事をして、診察室へ入って行った。医師の質問に受け答えをしているAの言葉遣いを改めてよく聞いていると、同い年の子の言葉遣いに比べて大人びていた。難しい単語が多い割に表現力が乏しくて、何が言いたいのか伝わりにくい。「ここに人の絵を描いてごらん」「自分の名前とこの言葉を書いてみて」などのやり取りの後、Aは看護師さんに声をかけられ別室に移動した。診察室には医師と夫、私の三人だけになった。

その日担当した医師の見立ては、次の通りだった。

＊字や絵に、特に強いこだわりはみられない

＊話し方はませていてまわりくどいが、ちゃんと聞いて前後をつなげれば理解できるので、問題ない

＊お父さんの顔色を見ることができるということは、人の顔を見て感情を測る力があるということ

＊少し個性が強いだけ、頭がよいので周囲に合わせるのが難しいのでは？

＊特に病名をつけるメリットはない

診断がつかなかったことで、夫も私も「よかった、この子は発達障害ではなかった」と安心したかというと、そうではなかった。診断がついて欲しかったわけではないけれど、私たちの感じてきた違和感の正体は何なのか…霧の晴れないような気持ちだった。

帰宅後、ふとAのらくがき帳が目に留まり、ページをめくった。Aらしいこだわりが詰まっていた。医師には「特にこだわりは見られません」と言われたけれど…私にはそれが個性なのか特性なのか、区別がつかない。二ヶ月後には、療育センターの受診が予定されている。次の医師にはなんて言われるのだろうか。「頭がよくて個性が強いA」、本当にそれだけなのだろうか…？

そして二ヶ月が経ち、療育センターにAを連れて行く日が来た。簡易的な問診だった民間のクリニックと違い、保護者には細かな項目の書かれた質問票が渡された。Aは心理検査を受けるために別の部屋に連れていかれた。一時間半以上部屋から出て来なかった。

後日、Aの検査の結果を聞きに再び療育センターを訪ねた。その日は、児童精神科の医師が対応してくれた。医師は検査の結果を見ながら言った。
「お子さんには明らかな発達の凸凹が見られました。もっと詳しい検査をしてみないと分かりませんが、アスペルガー症候群とＡＤＨＤの傾向のある、広汎性発達障害かもしれません」

医師は、検査中のＡの様子も丁寧に教えてくれた。中でも印象的だったのは、「ここにある５つの行動の中で、あなたがいけないことと思う順番を教えてください」という質問をされた時の受け答えだった。一番悪いのは「赤信号で横断歩道を渡ること」（車が一台も来なくても、一時間信号が変わらなくても、渡らない）、最も悪くないのは「お友達にケガをさせること」（わざとじゃない、仕方ない）、と答えたという。だから、自分の勘違いのせいでＧくんを蹴ってケガをさせた時も、自分は「悪くない」と思い、「ごめんなさい」が出なかったのか…。

医師から「生まれつき脳の発達に障害があるために発達障害になるので、育て方やしつけの問題ではありません。お子さんには、ソーシャルスキルを身につけさせ、自己判断や自己決定ができるような支援が必要です」と言われた。

その時は、発達障害である可能性を示されたショックを受けながらも、一方で今までの重苦しさが和らいだように感じている自分がいた。

Ａは五体満足で言葉の遅れもない。勉強は得意。でもその場にふさわしくない言動が気になり、自分の育て方やしつけが悪いせいだとずっと悩んできた。でも、そうではなかったのか！　これまで長く感じてきた育てにくさという違和感の正体は、これだったのか！

「発達障害」という言葉の重みを感じながらも、謎が全て解けたような気持ちになった。

先のことが不安になった私は、これからの不安を夫に相談した。

夫は『何が？』という表情をして、

「昨日までと今と、どう違うの？　何も変わらないよ。AはAだよ」

確かにそうだ。何と言われようが、何があろうが、生まれてから今日まで、そして明日も、何があってもAはAだ。大好きで大切なA。その気持ちに変わりはない。

夫の言葉で私は母親としての自信と落ち着きを取り戻すことができた。

分かったことは、Aには「ソーシャルスキルを身につける」など、適切な支援が必要だということ。そのためには、まず「私たち親がAの一番の理解者にならなければならない」ということ。あの時の齋藤先生の言葉が心に響く。

「もっときちんと勉強されてください」

そうだ、勉強しよう…と心の中で決心した。その日からAを理解し、支援するための勉強が始まった。

第二章　発達に課題を感じる児童を支えるために

～保護者や担任が実践するとよいこと～

本章では、発達障害を指摘されたAさんが、どのような指導や支援を受け、どう変わっていったのかを、河西が記述し、筆者は、これまで関わってきた発達に課題を感じる児童やその保護者への指導や支援について具体的に記述した。事例紹介を通して、発達に課題を感じる児童が直面する課題を教師や保護者がどのように支援できるのか、というひとつのヒントを示すことができればと思う。

＊我が子に発達障害があることを医師から告げられた保護者は、どのように子どもと向き合っていったのか。子どもはどのように特別支援教育を受けていったのだろうか…。

一　理解と支援を求めて（河西）

1　通級指導教室との出会い

Aは療育センターでソーシャルスキルトレーニングの必要を指摘され、市の特別支援教育センターからも「通級指導教室」（正式名称は「情緒障害通級指導教室」）を紹介された。とにかくこの子のために今からできることをしたい。もっと勉強したい。そんな気持ちを後押ししてくれそうだと思った。齋藤先生も『鉄は熱いうちに打て』と言いますので、今がチャンスだと思います」と、熱心に勧めてくれた。

とはいえ例年、通級指導教室は入級希望者がいっぱいいて、なかなか入れないらしかった。春から通えなくても空きが出たらすぐにでも通わせたかったので、とりあえず見学を申し込み、場所だけでも知っておこうと思った。見学の日、夫に頼んで休みを取ってもらい、運転をしてもらった。Aとまだ0歳のBも連れて、家族四人で通級指導教室の見学に出かけた。

自宅から車で数十分ほどのところにあるP小学校。その別棟に、通級指導教室はあった。敷地内には体育室もあった。

『うわぁ。こんな世界があるなんて…！』私は素直に感動してしまった。そしてここに通えば、きっとAもいい方向に進んでいくに違いない。そう心に響くものがあった。

齋藤先生の素早い根回しやたくさんの先生方のご尽力のおかげで、Aは幸運にも三年生の春からP小学校の通級指導教室へ通うことが決まった。通級に行く時はAだけに集中してあげたかったので、自宅から近い保育所を何ヶ所か調べ、Bを通級指導の日だけ預かってもらう保育所を確保した。苦手な運転も、週に一度だけなら頑張ってみようと思い、週末は夫に付き合ってもらって運転の練習をして通級の通学に備えた。

通級に通う前にもうひとつ、大切なことがあった。それはA本人に、「なぜ通級指導教室へ通うことになったのか」や「週に一度午前中いっぱい授業を抜けること」を伝え、「通ってみる気持ちはあるか」を確認し、納得してもらうことだった。その過程を抜きに、通級指導教室をスタートすることはできない。

療育センターの先生から、

「『ダメだから通級に通う』というような言葉は絶対に言ってはいけません」

との助言を受けていた私は、いろいろと考えた末、覚悟を決めてAを呼んだ。

「お母さんから大事な話があるんだけど、いいかな？」

「なぁに？」

「前に、見学に行ったP小学校にね、これから週に一度、午前中だけ授業を抜けて通おうと思うの」

「ふぅん…。なんで？」

「Aは、もっとお友達と仲良くできるようになりたい？」

「うん、なりたい！」

「仲良くなれるようにお勉強できるところなんだって。Aは行きたいと思う？」

「うん、行きたい！」

「じゃぁ、一緒に行こうね。その日はBを保育園に預けるから、AとP小学校まで二人でドライブだよ」

「わ〜い！」

もっと別の伝え方もあったかもしれないが、Aの前向きな気持ちが確認できて、まずは一安心。Aのやる気を応援できるのが嬉しかった。『お母さんも一緒に勉強していくよ。頑張ろうね！』と心の中で語りかけた。

2　通級指導教室での指導の実際

Aは三年生になり、週に一度の通級指導教室での指導が本格的に始まった。9時から朝の会が始まり、帰りの会が終わるのが12時少し前。その間に3～4コマの授業……例えば国語や体育、図工、調理。在籍学校にはない「ゲーム」という授業もあった。特に「体育」と「ゲーム」の授業では、他のお友達と密に関わるため、事前のルール確認や気持ちの折り合いをつけるための支援があった。

ある日の体育の授業。その様子をこっそり覗いていると、2チームに分かれてゲームをしていた。Aのいるチームがポイントを大きく上回って勝っている。Aはそれが嬉しくてたまらず、「ぼくのチームは20点。ケントくんのチームはたったの8点。楽勝だ～！」と大きな声で言ってしまった。言われたケントくんは怒って、無言でボールを壁にぶん投げ、座り込んだ。それを見聞きしていた通級のS先生から指導が入る。

「Aさん！　調子に乗り過ぎです。今のは言ってはいけない言葉です。マイナス15点！」

Aはショックで動けなくなった。しょんぼりしている。計算の得意なAは、15点も減点されたら逆転負けしてしまうことを理解したのだろう。負けている側のお友達の気持ちを感じることができたのだろうか。S先生に促されて、体育の終わりにケントくんやお友達に謝っているAの姿があった。

その後、通級指導の時間にAの口から余計な一言が出ることはかなり減った。言ってしまったとしても、そのことに気付くと「ごめんなさい」と言えるようになっていった。プリント学習では、思っていることや感じたことを言葉で表現したり、自分の感情を数字（温度）で表したりすることで、自分のことを相手に伝える力や自分の特徴を自分で理解する力がついていったように思う。

子どもたちが通級指導を受けている裏で、送迎に来た保護者たちも別の部屋でR先生から指導を受けていた。ある日は白い紙が配られ、

「この一週間で、お子さんを褒めたことを五つ書いてください」

と言ったまま、R先生はしばらく席を外した。保護者達は、ざわめいていた。

「褒めたことか……。注意したこと、叱ったことなら書けるんだけどな」

「あっても二つかな？　五つも書けないよね……」「私も……」「私も……」

「子どものこと、もっと褒めてあげなきゃいけないってことかな？」

「きっとそういうことだね」「今回は書けなくても、次は書けるようにしたいね」

R先生が戻ってきて、褒めたことを少ししか書けなかった紙を回収した。その日から、私たち保護者は子どものいいところを見つけて褒めたいと努力を重ねた。

そしてようやく「我が子を褒めている」という達成感をもてるようになった頃のことだった。R先生は私たちに向かって、こう言った。

「今朝、子どもたちに『お家の人に褒められたことを発表してください』と聞いたんですけど……実はですね。『褒められたことがない』と答えた子がほとんどだったんです……」

「え～っ！」

さっきまで、心の中では『きっと、全員発表できたよね……』とほほ笑みあっていたのに……思わず大きなどよめきが起きた。私たち保護者は動揺して、「信じられない」「ちゃんと褒めているのに、どうして？」と驚きと落胆を口にした。

そんな保護者達の様子を見て、R先生は言った。

「お子さんたちは、親御さんの表情を読み取るのが苦手なんだと思います。口調が優しくても『今、自分が褒められている』と感じとれないだけで、みなさんが決して褒めていないわけではないと思っています。通級指導では、そんな子どもたちに対して意識的に『今から褒めます』『今から怒ります』と前置きして指導することがあります。ちょっと独特ですが、ご承知おきください」

子どもたちの通級指導中の様子を見て、保護者である私たちは集団生活での子どもの特性に気付くことができた。また、R先生からは自らの子どもへの接し方を見直すきっかけを与えてもらった。

Aにとっても、週に一度の通級指導の効果は大きかった。昨年度まであんなに学校でトラブルの多かったAが、お友達と穏やかに過ごせる日が多くなった。通級指導の中で「授業中、手を挙げずにしゃべってしまう自分」「思ったことをつい口にしてしまう自分」をはっきりと自覚できるようになり、プリントに「そこが自分の課題だから何とかしたい」と繰り返し書いていた。その「気づき」が誰かに強いられることなく、A自身が自分を知り、自分のために努力できるようになっていったことに『すごい！』と感じた。

通級が終わると、私は必ず給食の時間に間に合うようにAを小学校に送り届けた。学級のお友達が、

「お帰り、Aさん！　今日は何を勉強してきたの？」

と温かく迎えてくれた。Aは正直に、

「今日はね〜、〇〇ゲームしてきた！」

と答えてしまうので内心ヒヤヒヤしたが、みんな興味津々で聞いてくれた。その雰囲気が何より有難かった。

以前、Aが通級に通うことが決まったのを知った他の学級のお母さんから、

「Aさんって、頭おかしかったんだね」

と言われ、とても悲しい思いをした。それで、通級指導教室の指導について正しく理解して欲しいと思い、担任や齋藤先生にも相談して、担任からクラス全体にこう伝えてもらった。「Aさんはみんなともっと仲良くなりたくて別の小学校でも勉強しています。みんなで応援していこうね」と。

そのおかげでクラスのみんなに応援してもらいながら、Aも私も安心して通級指導教室に通えたことに、今でも感謝している。

3　もう一つの通級指導教室

Aが四年生になる直前のことだった。心配していた夫の転勤が決まった。転校したら、この一年通ってきた通級指導教室にも通えなくなってしまう。私は引っ越しの荷造りをしながらインターネットで転勤先のF市の小学校を調べた。すると、校内に「情緒の通級指導教室」のある小学校が何校かあることが分かった。転校先でも通級指導教室を継続させてあげたい。その一心で、通級指導教室がある小学校の学区内の物件を探した。校内通級なら送り迎えしなくてもいいし、通級指導を通してまた新しいお母さん達ともつながりが持てるだろう。そう見通しを持って、転居先を決めた。

しかし、実際に転校してみると、私の予想とは違っていた。F市の通級指導教室は「グループ」指導ではなく「個別」の指導形態だった。でも、Aの特性を理解して、必要な指導をしてくれるはずだと期待して、転入早々に通級指導担当の先生と面談をさせてもらった。転出した小学校から、当然何らかの申し送りはあっただろうと思っていた。ところが、二人の先生から出た質問に困惑を隠せなかった。

「Aさんには何の教科を教えたらいいですか？　算数ですか？」

えっ！　どういうこと？……私は動揺を抑えながら、できるだけ丁寧に通級指導教室でお願いしたい内容を伝えた。Aに必要なのは教科学習の支援ではなくて、新しい環境に適応するために見通しを持たせてもらいたいこと。クラスや学校での約束事を分かりやすく伝えて欲しいこと。トラブルが起きた時に、本人の気持ちを聞き取りながら相手の気持ちを理解できるように手助けをして欲しいこと……等々、私が話し終えると、二人の先生は顔を見合わせ、ひとまず、

「あ、はい。分かりました……やってみます」

と言ってくれたが、M市とF市の通級指導が大きく違うことに、正直戸惑いを感じた。

このようにして、転居後の通級指導教室での指導が開始された。私は差し出がましいと思いつつ、「ご指導の参考にしてください」と言って、Aが引っ越し前に一年間やってきた通級指導教室のファイルを見てもらうことにした。

「グループ指導ではなく個別指導」と分かった時、「何の教科を教えたらいいですか？」と聞かれた時は、どうなってしまうのだろうと不安だった。しかし、少しずつ校内通級、個別の指導形態ならではのよさも分かってきた。送り迎えが要らなくなり、私の負担だけでなくAの負担も大きく減った。初めての行事には、事前にしおりを使って、前年度の写真も活用しながら、見通しを持たせてもらった。もし通級指導教室がなかったら、環境の変化が苦手なAは、学校生活になかなか馴染めなかっただろう。トラブルが起きた時は、通級の時間にその状況やAの気持ちを言葉や図にして聞き取ってくれた。しかも、同じ学校内ということで、トラブル相手のお子さんへのフォローもしてもらえた。通級指導の記

録ファイルを見ると、担当の先生がM市の通級の資料を参考に指導してくれたことが伝わってきて、有難かった。いろいろあったけれど、通級指導のあるこの学校をめがけて転居してきてよかったと思った。

この経験を通して、通級指導教室にも自治体によっていろいろなやり方があることが分かった。

＊教師は、発達に課題を感じる児童を、どのように指導したり、支援したりしていくのか。通級指導教室との連携は、どうあるべきか等について解説する。

二　発達に課題を感じる児童への支援と指導の実際

1　通級指導教室の利用

Aさんは通級指導教室での指導を受け、少しずつ成長していった。Aさんの成長した姿を通して、筆者も保護者も通級指導教室での指導がいかに大切であったかを実感することができた。

通級による指導については『小学校学習指導要領解説　総則編』に、次の記載がある。

＊通級による指導における特別の教育課程

ウ　障害のある児童に対して、通級による指導を行い、特別の教育課程を編成する場合には、特別支援学校小学部・中学部学習指導要領第7章に示す自立活動の内容を参考とし、具体的な目標や内容を定め、指導を行うものとする。その際、効果的な指導が行われるよう、各教科等と通級による指導との関連を図るなど、教師間の連携に努めるものとする。（『小学校学習指導要領解説　総則編』110頁第1章第4の2の(1)のウ）

通級指導教室は、児童の実態に合わせた通常の学級では学べない多くのことが学べる好機会（チャンス）である。しかし、誰でも希望すれば入級できるというものではない。入級までに各自治体の特別支援教育センターの指導や保護者の理解と児童本人の意志確認が必要である。通級指導教室での学びを在籍校でも効果的に繋げることができれば、本人のソーシャルスキルが向上し、教室でのトラブルも減少していく。実際に筆者は、通級指導教室に入級し、大きく成長できた児童をたくさん見てきた。

しかし一方で、通級指導教室に通う児童が指導のために出席できなかった授業等の学習活動に対する補充が十分に行われていないなど、児童に対する十分な保障がなされていない現状が課題として指摘されている。そこで、そのようなことを未然に防ぐために、筆者は、学級担任に以下のような通級指導教室通学児童への配慮が必要であると考える。

①通級指導教室に児童が通うことになった曜日、時間の時間割の配慮を行うこと。つまり、時間割上週一～二時間しか時間割に載せることができない科目（特別の教科道徳、学級活動、音楽、図工、家庭科等）を児童がいない時に行わないようにする。

②児童が通級指導教室に通学することを常に視野に入れて、学校行事や特別な時間割変更を行う。つまり、児童が通級に行っている間に校外学習や学年、学級の行事や活動を行わない。

③児童が通級指導教室に行っている間の学習を必ず保障すること。具体的には、いない間に行った学習については後で補習したり、プリントを渡したりして、次の時間の学習に困らないようにする。

④学級児童には「どうして○○さんがいないのか」について、どう説明するかについて保護者や本人と相談の上、対応を決めておく。望ましいのは学級児童から（児童本人に）質問が出る前に、児童や保護者と相談して担任から学級児童に周知しておく（どのような言い方がいいかは後述する）。

⑤通級指導教室の担当者との連携を図り、通級指導教室で児童が勉強したことを確認しながら、実際に教室でも生かせるように指導・支援する。

筆者がこのようなことを書くのには理由がある。それは次の出来事に起因している。

【エピソード2】病気にしないで！　＊＊＊＊＊＊＊＊＊＊＊＊＊＊＊＊

それは特別支援教育コーディネーターをしていた時、保護者から受けた相談だった。

相談に来た保護者の子どもは小学校五年生だったが、四年生の頃から通級指導教室に通っていた。保護者は言った。

「実は、一年以上通級指導教室に通っているのですが、教室を出る時に『病院に行く』という理由で早退していたので、周りの友達や保護者の方に『どこか悪いのですか？』『何の病気なんですか？』と聞かれることが多くなってきて…何と言ったらいいのか、困っているのです…」

　通級指導教室に通う子どもが定期的に在籍校を早退したり遅刻したりすることは当たり前のことである。しかしそれを「病院に行っている」という理由にしていたことを知り、とても驚いた。筆者は、

「本当のこと（通級指導を受けていること）を言ったらいいのではないでしょうか…」

　と応えると、その保護者は、

「前の担任に、『通級に行っていることは周りの子どもには知られないようにした方がいいでしょう…』と言われたのです」

　と言う。半ば呆れて、

「前の担任は、何故そんなことを言ったのですかね…？」

　と言うと、保護者は、

「『そんなこと（通級に通っていること）を言ったら、大変なことになります。お子さ

んが差別されてしまいます…』と言われた」と言った。

あ〜！　何ということか…！　本来であれば、周りの子どもたちに通級指導に通っている子どものことを理解させ、協力を得るべき学級担任がそんな風に考えているのか！　信じられない！

この時、驚きと憤りを隠すことができなかった記憶が、今も鮮明に残っている。

＊＊＊＊＊＊＊＊＊＊＊＊＊＊＊＊＊

Aさんが通級に通うことになった当時の筆者のクラスには、Aさんの他にも既に通級指導教室に通うEさんがいた。Aさんは、正式には三年からの通級指導教室利用だったが、二年生の時にも体験等のために、学校を遅刻することがあった。そこで、保護者と相談して子どもたちには以下の言葉で二人が、がんばっていることを伝え、みんなで応援していく気持ちを促した。

「EさんもAさんも、今よりもっとみんなと仲良く協力してお勉強したり遊んだりできるように時々（○曜日の△時間目は）、別の場所でも勉強することになりました。今まで通りみんなとも一緒に勉強する他に、別の学校でもがんばって勉強することになった二人をみんなも応援して欲しいと思います」

私がこう言うと、子どもたちの中からは、

「すごい！　二人ともすごくがんばっているんだね！」

という言葉が出て、自然と応援する雰囲気が生まれた。その証拠に、この学級では二人を差別したり冷たい目で見たりすることは一切なかった。そればかりか、時々友だち関係のトラブルは続いていたが、「Aさんもがんばって勉強しているからね…」という気持ちで以前よりもトラブルがエスカレートしないで済むこともあった。

通級指導教室に通う児童を、学級の子どもたちに説明する時の大切なポイントは、

① **通級指導教室に通う必要性について、「できないことがあるから別の学校で学ぶ」ではなく「今よりもっとできるようになりたいから」という言い方にすること**

② **今の学校でも今まで通りみんなと勉強する他に、プラスαで「もう一つの学校にも通って勉強する」という言い方にすること**

である。言い方ひとつで児童は通級指導教室で安心して学ぶことができるはずだ。学級担任が通級指導教室に通うことになった児童を、どう支援するかによって、児童の学習効果に大きな影響が出る。通級指導教室に通う児童が「周りの友達に見つからないように、こそこそ教室を出たり入ったりする」ことがないように、学級の児童の理解を得ることが学級担任の大切な役割であり、支援である。

一番よくないのは、発達に課題があることが分かり、通級指導教室に通うようになったことをきっかけにして、学級担任がその児童への指導を人任せ（通級指導教室の先生方）

にしてしまうことである。決して丸投げすることなく、通級指導教室での指導と連携して児童を育てていく必要を認識して欲しい。通級指導教室は学級での指導と繋がっている。通級指導教室での指導効果を上げるも下げるも学級担任次第だということを、教室にいる先生たちは常に心に留めて欲しい。

2　個に応じた指導・支援を推進すること

Ａさんと出会い、二年間担任として重点的に指導したことは「人との関わり方」だった。Ａさんの特性はＡＳＤの特性に近いものだったので、その特性に合わせて可能な限り個別に指導するようにした。特に、気を付けたことは、何かあった時に、全体の児童の前で怒ったり諭したりせずに、二人だけで話をするようにしたことだった。また、通級指導教室で勉強してきたことを聞き、その学習をフィードバックさせたり、よい行いが見られた時には称賛を与えたりすることで、Ａさんは通級での学びを教室でも活用できるようになっていった。

三年生に進級する際には、新しい担任に念入りに引継ぎを行った。環境が変わるとせっかくできるようになったことも逆戻りしてしまうことがあるので、これまでの指導を次の担任が引き継げるように心がけ、新しいクラスになってからも間接的に指導に関わりつつ、丁寧にバトンを繋いだ。

文部科学省が２０１２年に発表した調査結果によると、全国の公立小・中学校の通常の学級に在籍する児童生徒のうち、発達障害の可能性があるとされた小中学生は6.5％にのぼる。この数字は、あくまでも学校調査という性格上、教師の判断に委ねられた数字であり、必ずしも医師による診断を得た子どもの数ではないが、この調査結果に基づいて考えると30人の学級には、およそ２人の発達障害の可能性のある子どもがいることになる。

特別支援教育は、このような子どもたち一人ひとりのニーズに応じた適切な配慮や支援を行うことを目的としてスタートした。花熊暁（２０１８）は、これまでの特殊教育から特別支援教育への転換を、「学校に子どもを合わせる」ことから「学校が子どもに合わせる」ことへの転換であると述べている。また、「発達障害の子どもたちは特殊教育の時代には、通常の学級の一般的な教育方法ではニーズが満たされず、学習や学級適応に大きな困難を示す一方で、特殊教育の対象児とも状態像が異なっていたので伝統的な特殊教育の対象ともなりえない、いわば通常の教育と特殊教育の「谷間」に落ち込んだような状態に置かれていた」と述べている。（『特別支援教育の理論と実践Ⅱ 指導』金剛出版２０１８ 19頁）つまり、今までスポットが当たってこなかった発達に課題のある子どもたちに、今こそ適切な個に応じた指導・支援を届けなければならないのである。

特別支援教育の発足に先立つ２００５年の中央教育審議会答申では、「…学校全体で特別支援教育を推進することにより、いじめや不登校を未然に防止する効果も期待される…」と指摘している（中央教育審議会答申　2005年12月8日「特別支援教育を推進するための制度の在り方について（答申）」第2章「特別支援教育の理念と基本的な考え方」参照）。この言葉通り、筆者の経験では、その子の特性に合わせた特別支援教育を充実させることで不登校が改善されたケースが少なくなかった。

筆者は、特別支援教育が正式に発足する数年前から、市の独自の制度により第1期の特別支援教育コーディネーターを拝命し、多くの研修を受けてきた。当時はまだ耳慣れない『特別支援教育とは何か』という問題を抱えながら、自分が何をすればいいのかを模索する日々が続いていた。

しかし一方で、現実に校内には担任一人では対応しきれない特別支援教育を待っている子どもたちがたくさんいた。そのような子どもたちのために、『自分は特別支援教育コーディネーターとして何ができるのか…何をしなくてはならないのか…』という課題を抱えていた時に出会ったエピソードを紹介する。

【エピソード3】　掃除をしないKさん　＊＊＊＊＊＊＊＊＊＊＊＊＊＊

ある日のこと、昼休みが終わって掃除が始まる時間、隣のクラスのS先生が大きな声を出していることに気づいた。急いで駆けつけて「どうしたのですか？」と声をかけると、

「またKさんがいなくなってしまった」と言う。Kさんはここ数日、掃除の時間になると教室からいなくなってしまうという。『どういうことなのだろう？』と思っていると、そのクラスの子どもたちが数人でS先生の所にやって来て、

「先生、Kさんはトイレの個室に入っているみたいだ」

と言う。

行ってみると、二、三人の子どもたちが閉まったままのトイレの個室のドアをドンドンたたいていた。果たしてその中に本当にKさんがいるのかどうか…は不明だったが、とりあえず「ここは先生に任せて…」と言って、子どもたちを教室に戻し、一人で対応することにした。そして、トイレのドアの隙間から小さな声で中にいる人に向かってささやいてみた。

「もう、誰もいなくなったよ。いるのは先生だけだから安心して出て来て、どうしてトイレに隠れているのか教えてくれないかな…」

すると、個室のドアが開いて子どもたちの予想通りKさんが出て来た。私はKさんを連れて誰も来ない別の場所に行き、話を聞いた。

Kさんは、なぜ掃除をしないでトイレに入っていたのか…その理由をこう話してくれた。

「あのね、掃除の時間になって掃除をすると怒られるから掃除しないで掃除が終わるの

を待っていたんだ…」

えっ？　意味が分からないので尋ねてみた。

「掃除をすると怒られるって、どういうこと？　掃除をしないから怒られるのでしょ？」

するとKさんは、

「違う！　掃除をすると怒られるの！」

と悲しそうに、大きな声で答えて、

「僕がほうきやちりとりをしていると、みんなが『やめろ！』って言って道具を取られるんだよ。それで先生が来て、怒るんだよ…」と言う。

Kさんの話だけでは分からないので、放課後担任のS先生にKさんの言っていたことを伝えることにした。すると…Kさんは自分の分担をしないで勝手に自分のやりたい役割をしてしまうから叱ったというのである。その日は掃除の分担表によると雑巾がけをしなければならない日だったのに、ほうきをやっていたらしい。掃除当番の分担表を見ると分担表は円形でいわゆるダイヤル式だった。ダイヤル式なので書いてある文字が横になったり逆立ちしたりする。きっと、Kさんは、この掃除分担表が読み取れなかったのだろう…。まだ低学年だったから掃除分担の仕組み自体が理解できなかったことも考えられる。だから、勝手に自分で分担を決めて掃除をしてしまったのではないか？「掃除になると怒られる」というのは本当で、本来の分担と違うことをしていたので注意を受けたのだと私は理解した。しかし肝心のKさんは、「なぜ怒られているのか」が全く分からず、怒られないようにするには、ただ掃除が終わるまでトイレに隠れているしかない…ということだったのだろう。

筆者はS先生と相談して、Kさんの掃除分担を輪番から外して固定にした。周りの子どもたちには「Kさんは毎日やることが違うと迷ってしまいそうだというので、毎日同じものをやることにしました」と説明し、了解を得た。その日からKさんは毎日、廊下の雑巾がけを頑張るようになった。S先生もKさんが雑巾がけを頑張る姿を見て、

「雑巾がけがじょうずだね！」

と褒めてくれるようになり、Kさんは掃除の時間にトイレに隠れることも全くなくなったのである。

S先生には、一緒にKさんへの指導について考えてきたことに対するお礼を言われた。この事例からの学びは、今も教育を語る時の土台になっている。

Kさんのような子どもは、今も多くの学校にいるのではないだろうか…。

＊＊＊＊＊＊＊＊＊＊＊＊＊＊＊＊＊＊＊＊＊

このような児童を「掃除さぼり」として捉え、教師は単に「掃除をしなさい」と指導していないだろうか。Kさんは掃除分担表のダイヤルの見方がよく分からず、前日やったほうきをまたやってしまったために「今日は違うよ！」と言われ、担任に「ちゃんとやって！」と叱られ、どうすればいいのか分からずにトイレに隠れていたと言う。この件については、Kさんの「困っていること」を誰も理解できず、気付かないでいたことが問題になった、と考えることができる。

筆者は、このことをきっかけにして、担任からも周りの子どもたちからも「困った子」と言われている児童の話をよく聞くことにした。するとこれまで分からなかったことが次々に分かってきた。配慮の必要な児童とは、実は「困った子」ではなく、「困っている子」であり、特別支援教育の必要な児童だということが分かってきたのである。

特別支援教育をスタートするにあたり、まずは一人ひとりの子どものニーズを見極めることが大切だということを、筆者は、Kさんから学んだのである。

平成29年告示の『小学校学習指導要領』の総則（23頁）に、次の記載がある。

第4　児童の発達の支援

1　児童の発達を支える指導の充実

教育課程の編成及び実施に当たっては、次の事項に配慮するものとする。

（1）学習や生活の基盤として、教師と児童との信頼関係及び児童相互のよりよい人間関係を育てるため、日頃から学級経営の充実を図ること。また、主に集団の場面で必要な指導や援助を行うガイダンスと個々の児童の多様な実態を踏まえ、一人一人が抱える課題に個別に対応した指導を行うカウンセリングの双方により児童の発達を支援すること

このような内容が学習指導要領の総則に記載される背景としては、特別支援教育の充実を推進する意図が考えられる。特別支援教育が開始されて14年を経過したが、学校現場には課題が山積している現状があるのだ。

第一に「発達に課題のある児童」のスクリーニングが充分にできていない。担任が理解に苦しむ児童や、一人では十分な指導・支援ができない児童はどのクラスにもいる。担任一人で頑張ろうとすればするほど、児童への指導は空回りしていく。結果的に児童はますます多動になり、ついに学級全体が落ち着かない状況になっていく…児童も担任もつらい気持ちで学校に来ている。そんな現実を筆者も経験したし、たくさん見てきた。

問題行動は、発達に課題のある子どもの特性に起因していることがあるが、その特性に応じた指導が行われていないと、指導を重ねても改善に向かっていないことがある。例えば、これまで児童の問題行動だけが指導の対象となり、児童は叱責を受けたり諭されたり

してきたが、そうした指導が発達に課題のある児童に効果がないばかりか、彼らを追い詰めてしまい、かえって反抗的態度に出たり登校しぶりに陥ったりするという悪循環に繋がっているケースが散見される。重要な点は、指導すべきは問題行動ではなく、児童の特性を理解し、その特性に合わせた、個に応じた支援を実行することにある。そのための支援が特別支援教育なのである。

2007年4月に文部科学省から出された「特別支援教育の推進について(通知)」には、次の記載がある。

…特別支援教育は、障害のある幼児児童生徒への教育にとどまらず、障害の有無やその他の個々の違いを認識しつつ様々な人々が生き生きと活躍できる共生社会の基礎となるものであり、我が国の現在及び将来の社会にとって重要な意味を持っている。

この通知により、特別支援教育は障害の有無を越え、一人ひとりの子どものニーズに応える教育であることが周知された。

学校は、これまで「この子に障害があるかないか」を問題にしてきた傾向を脱し、「一人ひとりの子どものニーズを見極める」ことに重点を置く必要がある。特別支援教育とは、障害のあるなしにかかわらず、その子が「何に困っているのか」「どのような支援をしたらその困難さが克服できるのか」という個のニーズに応じた教育なのである。

3　発達に課題を感じる個々の児童への具体的な指導・支援

発達に課題を感じる児童への具体的な指導や支援について場面ごとに記述する。保護者と連携し、子どものもてる力を高めることができるように取り組んで欲しい。

＊発達に課題を感じる児童への指導・支援の具体例＊

場面①

★朝会・集会で落ち着いて話を聞けない子ども

《指導のポイント》

・並ぶ場所にテープで印をつけていく。
・並ぶ場所（刺激を減少させる）の配慮。
・「校長先生の顔が見えなくてもいいんだよ」「話を聞く時間だよ」という理解を促す。

【解説】

体育館など広いところに行くだけで刺激になっているし、マイクを通して音に対する過剰反応（心地よい音として受け取られていない為の反応）が考えられる。また話している人（校長先生などの顔）を確認するために、見えるところに移動したい欲求をもっていることもあるので、「聞こえればいい」という理解が定着するようにする。

場面②

★忘れ物が多い子ども

《指導のポイント》

・連絡帳の工夫（持ち物チェック表を用意しておく。実施については、保護者の協力を求める）。⬇確認したら最後に保護者のサインやごほうびシールを貼る。
・このチェック表をランドセルのふたの裏など目立つところに表示する（入れる）ようにして確認しやすくする。
・朝の子どもの行動の動線上に、持ち物を用意しておけるように、保護者に協力を求める（できるようになったら自分でそこに準備しておくようにする）。

【解説】

せっかく作ったチェック表をなくしたりよく見ていなかったりしないよう活用できるところにセットすることを徹底させたい。翌日の準備をしても朝忘れて来る児童の多くは、「部屋に置きっぱなし」だったりすることが多いので、家を出る時に必ず手にできる動線上に荷物を置いておくようにする。いずれにしても家庭との連携・協力が重要になる。

場面③

★持ち物の管理や整理が苦手な子ども

《指導のポイント》

・一気に全ての物の管理を要求せず、管理させる持ち物の数を絞って指導する（例としては筆箱の中の鉛筆5本、消しゴム1個くらいから管理させたい）。
・持ち物を収容する入れ物を工夫する（机の中の引き出しの活用）。
・児童の机から床にこぼれて落ちてしまった物等を入れておく「○○さん落とし物箱」（落とした物を入れる専用の箱）を用意する。➡定期的に（帰りの支度の時など）箱の中の物を収納すべきところに復帰させる。

【解説】

「整理しなさい」の言葉かけは、まず整理しやすい環境を整えてからにすること。机の中を図解して示し、お道具箱の置く位置に色紙を貼ってその場所にはめ込むなどの工夫をする（分かりやすい指示だとやる気を出す）。また、その児童専用の落とし物箱を作り、物がなくなった時は自分で箱の中を探す習慣をつけさせる。拾い物の扱いについては周りの児童にも協力を求める。

場面④

★当番や係活動をさぼってしまう子ども

《指導のポイント》

・実は「さぼっている」のではなく「(何を、どうやるのか) 分からない」「忘れてしまう」ことが多い。➡掃除が始まる前に今日の分担を確認する。

・感覚過敏で雑巾絞り等の作業が困難なこともあるので特性を見極めて対応する。

➡できる仕事を徐々に増やす。

・決められた仕事を一週間単位で行うなどの配慮をする。同じ仕事なので、上手にできるようなったらタイミングよく褒めて自信を持たせる (トークンカード等の活用)。

【解説】

ダイヤル式のそうじ分担表は読み取りが困難なことがあるので、児童に分かりやすい分担表を用意する。分担されたものができたらシールを貼るなど、目に見える (形として残る) 称賛を行いやる気を高める。周りの子どもたちの理解を促し、「やりたいことだけやっている」と思われないようにする。一週間単位でいろいろな仕事を回すようにし、できることを増やしていく (第二章二2エピソード3 92頁～参照)。

場面⑤

★試合やゲーム等で勝敗にこだわり過ぎる子ども

《指導のポイント》

・白か黒か、０か100かではなく、世の中にはいろいろな色があり、物事の結果は、勝ち負けだけではないという価値観に気付かせる。
・負けた人が勝つじゃんけんなどをゲーム的に行い、勝敗の価値を固定的にしない。
・フラストレーションコントレーニング。負けたり思うようにできなかった時のストレスの発散について学習させる。
・悔しさに共感し、気持ちをコントロールできた時はしっかり褒める（シールなどで成長を見える化）。

【解説】

負けた時はもちろん、勝った時でも、大切なことは「勝ち・負け」以外にもあることを日頃から繰り返し伝える（負けた時にはいくら何を言っても、受け入れられないことが多い）。常に、意識的に葛藤場面を想定し、「～な時どうする？」等のソーシャルスキルトレーニング（ＳＳＴ）を繰り返し行う。実際にそのような場面が起こった時は、学習を想起するように声をかけて励ます。うまく自分をコントロールできた時にはたくさん褒めることも意欲を高める。できたことをシールなどで評価し、目に見える形で残しておくことも気持ちを繋ぐ意味で大切である。

場面⑥

★授業に無気力な子ども

《指導のポイント》

・子どもの能力や特性を日常の様子から把握し、どんな課題に対して無気力になるのか、その傾向を確認する。または、本人に無気力になる理由があればよく聞く。
・課題のレベルを、自力で到達できるところまで下げる（「お助けプリント」等の活用）。スモールステップで目標に到達できるように励ます。
・体調や日常生活管理について保護者と課題はないか、環境や刺激に対する耐性はどうか等の視点から児童をよく観察し、具体的な対応を考える。

【解説】

天気やその日の気分によっても状況が異なることがある。「どうせできない」と感じている課題に「無理してでもがんばりなさい」と言わない。また自分の力でできそうな課題に取り組ませ、「できた」喜びを実感できるような配慮をする（「やればできる」課題を用意し自信をつける）。

場面⑦

★授業の邪魔をしてしまう子ども

《指導のポイント》

・自分の行動が授業の邪魔になっていることに気付かせる。

・マイペース、マイルールで動く傾向を考えさせる。集団の意識化に繋げる。

・邪魔をする意図（目的）があるなら、しっかり話を聞く。

【解説】

どういうことが「人の邪魔になるのか」が理解できないこともあるので、具体的に「あなたが前に出て来ると黒板が見にくくなる人がいるから、黒板の前に立たないようにしてね」等、理由を伝える。

邪魔をする理由がフラストレーションの解消なのか、特性行動なのかの見極めが必要である。集団のきまりや約束を丁寧に指導したり、本人の話に耳を傾けたりする。ただし、「周りの迷惑ですよ」という叱り方は避けたい。

場面⑧

★板書を書き写すことが苦手な子ども

《指導のポイント》

・書くことの苦手さからくるストレスは大きく、劣等感に繋がりやすいので無理をさせない。
・「書く負担」を減らし、別の場面で活躍させる（聞いて理解、発表させる等）。
・漢字を書くことが難しい子どもには、ノートに書く時はひらがなだけでもよい、などの配慮をする。

【解説】

具体的に「ここまででいいよ」という指示を出すか、お助けプリントを用意する（そのプリントをノートに貼らせる）。焦ると余計にどこを書いているのか分からなくなってしまう傾向があるので、視写が苦手な子どもに「早く書く」「丁寧に書く」などの指示を出さないことが大切である。

チョークの色を変えて「黄色い字のところだけは、書いておこう」など具体的な指示も有効である。最近ではそういう子どもにタブレットの活用（写真を撮らせてそれを手元で見て書かせる）も有効である。

場面⑨

★宿題に取り組むことができない子ども

《指導のポイント》

・一律に同じことをやってくることを求めず、その子に合った内容・量を考えて出す。
・宿題をやってきたら、できるだけその日のうちに内容を確認して「やってよかった」「分かった」という気持ちを体験させる。⬇授業で発表する、漢字テストが満点だったなどの成果を認める場をつくる。
・宿題カードなどでやったかどうかをチェックし、達成できたらシールなどを貼って称賛する。シールが増えてくることで達成感を「見える化」する。

【解説】

　宿題は家庭での学習なので保護者の協力が必須である。しかし保護者の協力を無理強いしないことが大切である（代わりに保護者が宿題をやっても意味がない）。「宿題はあくまでも自分のためにやる」という理解と「先生との約束だから守る」という理解が必要である。個に応じた出題を工夫し、その子が苦労する、或いは一人でできないような宿題は出さないようにする。

場面⑩
★友だちが気にしていることをズバッと口にする子ども

《指導のポイント》

・何を言ってはいけないのかが理解できにくいので、具体的に説明し書いておく。

＊人に対して絶対に言ってはいけないことを発達段階に合わせた分かりやすい言葉で示しておくこと。例えば、

①人の身体的特徴や容姿に関すること

②自分の努力では変えられないこと

③両親兄弟など家族に関すること　等々

・言ってはいけないことを言ってしまった時には、言ったことをそのまま自分が言われたとして「どうですか？」という振り返りをさせる。

・人権を守る意味からも絶対に言ってはいけないことは、その子だけでなく学年や学級全体での約束事とし、全体指導を行い、相互に注意し合える環境づくりをしておく。

【解説】

自分の発した言葉の意味や影響を考えずに口に出してしまう子どもは、自分が言われたことには敏感に反応する。「相手の立場（気持ち）になって」というのが難しいこ

となので、指導する時は具体的に指導する。「言ってはいけないことを言ってしまった」という反省ができるようになったら、学習効果を評価して褒めて、次へ繋げる。

場面⑪

★思うようにならないと暴力したり、パニックになったりする子ども

《指導のポイント》

- 自分の思い描くイメージが強く、そのような結果にならないと混乱する児童には、時間を与えて落ち着くまで待つ（その場で諭したり言い聞かせようとすることは逆効果になることがある）。
- 周りの児童に八つ当たり感情をぶつけたりすることがあるので、静かな環境に移動することも考える。もしも八つ当たりを起こしてしまったとしても、その場できつく叱るとかえってパニックを大きくすることがある（事前回避がベスト）。
- 暴力行為で周りの子どもたちにケガをさせたりしないかを見極めて、必要に応じ周りにいる子どもたちを別の場所に移動するように指示を出すことも考える。

【解説】

　発達に課題のある子どもは、自分の思い込みや衝動性が高いので、このようなことが起こりそうな場合は、事前に個別の支援をすることが必須である。起きてからでは

遅い。パニックになった場合はかなり時間を要することが多いので、一人で対応しようとせずに、学年や副担任、職員室にも連絡して対応する。話せるようになったらパニックになってしまった背景や原因を共感的に聞く（落ち着くと自分の行動を覚えていなかったり、『やってしまった』という気持ちになって落ち込む児童もいる）。

時間経過後、落ち着いてから話し合い、必要に応じて八つ当たりや暴力してしまった児童に謝罪させる。

※　なお、一人の子どもが複数の課題を持ち合わせていることはよくあることであるが、一度に多くの課題を指導しようとせずに、優先順位を考え、一つひとつ丁寧に指導していくようにする。また、指導の効果が見られない時は、その理由を考え、指導方法を軌道修正するなど校内委員会等で検討する必要がある。

4　周りの子どもたちの理解を求め、協力者にすること

学級担任は、発達に課題を感じる児童への直接的な指導と共に、その児童に適切な環境整備に力を入れることが大切である。児童の最も身近で重要な環境は、教室にいる周りの子どもたちである。その意味から学級の他の子どもたちに、発達に課題を感じる児童への理解や協力を求めることが、大事なポイントになる。

同じ出来事でも、発達障害特性のひとつである「こだわり」や「コミュニケーション力の弱さ」を周りの子どもたちが認めている場合は、大きなトラブルにならないで済むことが多い。このことを痛感したエピソードを紹介したい。

【エピソード4】バケツ紛失事件　＊＊＊＊＊＊＊＊＊＊＊＊＊

Tさんは、とても穏やかで優しいが、行動に時間がかかり集団行動の際には注意が必要なことが多かった。また、全体に話をしたことがうまく伝わっていないことが多くあり、つい「さっき、言ったよね！」のような強い口調で注意を促すことが少なくなかった。

ある時、教室のバケツが一つなくなるという事件が起きた。子どもたちに、「バケツがどこにあるか知らないか」を聞いてみたが、みんな、

「知らない」と言う。

そして二、三日が経った頃、ある子どもが、

「そう言えば、Tさんが学校の帰りにバケツを持っていたよ」

と教えてくれた。そこでTさんを呼んで話を聞いた。すると、彼は、

「ザリガニを家に持って帰るのにバケツを使った」

と言った。え～！　だったらそう言ってくれればよかったのに！…という気持ちで、

多少怒りもこみ上げきて大声を出してしまった。すると、TさんとよくIく遊んでいたMさんが横から口をはさんできた。

「先生、Tさんはザリガニのためにはバケツが必要だと思ったら、よく考えないで使ってしまうこともあるんだよ…」

と言う。さも『Tさんが意図的に悪さをしたわけではないんだよ』ということを代弁するような口調で…。

Mさんの発言を受け、筆者がTさんに向かって、

「じゃあ、学校のバケツは君の家にあるんだね。みんな困っているから、家に帰って持って来てください」

と言うと、TさんはMさんに付き添われて、一緒に教室を出て行った。

そして数十分後、何食わぬ顔をしてバケツを持って学校にやって来た。教室のバケツは無事、数日ぶりに三つに戻った。

Tさんはその後、広汎性発達障害であることが分かった。

＊＊＊＊＊＊＊＊＊＊＊＊＊＊＊＊＊＊

このエピソードから分かるように、このクラスでは周りの子どもたちがTさんのことをよく分かっていたので、教室でも大きなトラブルは全く起きなかった。そればかりか、T

さんの勘違いや思い込み、不注意などの特性を認め、教えたり諭したりする場面さえ見られた。

子どもたちが、このようにTさんの苦手なことや失敗しそうな点を認識し、カバーできるように育っていることを筆者は誇らしく思った。Tさんもクラスの子どもたちを信頼し、安心して周りの子どもたちの支援を受けていた。筆者は、周りの子どもたちの機転のよさに感心しながら、友だちに教えてもらいながらがんばっているTさんを励まし、折に触れTさんを支えている子どもたちを褒めることを意識して学級経営を進めた。

「どのようにして周りの子どもたちを啓発していくのか」「どうすれば学級が変わっていくのか」については、第三章 六 3「学級が変わる」（204頁～）に詳しく記述した。

5　クラスワイドな支援から個別支援へ

発達に課題を感じる児童への指導・支援のひとつの方法として、関戸英紀は「クラスワイドな支援から個別支援へ」という方法を示している（『問題行動！　クラスワイドな支援から個別支援へ』関戸英紀編著　川島書店２０１７参照）。この方法を用いると、学級担任が学級全体を指導しながら発達に課題を感じる児童への個別支援を進めることができる。学級担任は支援が必要だと分かっていても、時間的に個別支援が難しいことが多いので、学級の全児童に共通する目標を設定し学級全体の支援を進めていくことで、発達に課題のある児童への支援も同時に促進される効果は注目に値する。

また一定期間クラスワイドな支援を行っても目標の達成が困難だった場合は、個別の支援へと指導を進めていくことができる。クラスワイドな支援から個別支援へと移行するにあたっては、課題となっている行動の意味を《きっかけ》—《行動》—《結果》の三項関係から捉えて、課題解決に向かう「機能的アセスメント」の手法がとられる。この実践の研究成果の報告は種々ある（引用・参考文献を参照）。このような学級全体から個別支援に移行する支援方法は、学級の周りの児童が発達に課題を感じる児童への理解を深めるきっかけになることが期待できる。

実際に筆者が行った研究実践から得られた、クラスワイドソーシャルスキルトレーニング（Class-wide Social Skill Training 以下「ＣＳＳＴ」と記す）のメリットを紹介する。

★クラスワイドソーシャルスキルトレーニング（CSST）の有効性

筆者は、発達に課題のある児童が在籍する小学校二年生の学級に関わり三ヶ月間に三回のソーシャルスキルトレーニングの授業を実施し、その有効性を検証する研究を行った。

その結果、学級全体のソーシャルスキルが向上し、発達に課題のある児童も含めて変容が認められた。この研究を通して得られたＣＳＳＴのメリットをまとめると以下のようになる。

【クラスワイドソーシャルスキルトレーニング（CSST）のメリット】

○気になる児童への個別支援が複数必要な場合でも、学級全体への指導がベースになるので担任の負担が軽減できる。

○個別支援が必要な児童にとって、既に目標スキルを獲得している児童はひとつのモデルとなる（身近なところにめざすべき目標像があるので分かりやすい）。

○個別支援の必要な児童が「自分だけが特別に指導や支援を受けている」という思い（劣等感）をもたなくて済む。

○目標スキルを達成している児童にとっては、称賛が与えられるので、自己有用感を高める機会になる。

○個別支援の必要な児童が行動化できた時に、教師だけでなく周囲の児童から肯定的なフィードバックを受けることができる。対象児はタイムリーな称賛を得ることでモチベーションが上がる。

○同じ目標に向かっていくので、学級全体の力が個に作用し、個の成長が学級の成長に繋がっていくという点で学級経営も推進される。

ＣＳＳＴの指導効果は、児童が学習したことを教師が日々の教育活動の中で、意図的かつ計画的にフィードバックし強化していくことで、般化される。発達に課題のある児童にとって、学級全体のソーシャルスキルが定着している学級環境は理想的な環境である。

関戸によると「クラスワイドな支援から個別支援へ」という考え方に基づいた支援を行うことは、「基礎的環境整備から合理的配慮へ」という方向性に基づいた支援を行うことに通ずると言える（前掲書 9頁）。

＊転居に伴う新たな課題を抱えたAさんを、河西は、どのように支え、その課題をどのように克服していったのだろうか。

三　Aの葛藤と成長（河西）

1　転校

Aの転入先の小学校は、学年ひとクラスだった。入学時から一度もクラス替えがなく、子どもたちはまるで「兄弟姉妹」のような雰囲気があった。そんな出来上がった集団の中へ四年生から我が子だけが急に「ポン！」と入ることになったのだ。第一節で述べたように、週一回一時間だけの校内通級指導を受けながらとはいえ、不安は大きかった。

転校後まもなくAは、時々お友達と遊ぶ約束をして帰って来た。

「お母さん、Nくんと○○公園で待ち合わせしたんだけど、それってどこ？」

Aが一人でたどり着けるか心配で、私はBをベビーカーに乗せ、一緒にその公園まで行き、無事にお友達と合流するのを見届けて帰ったことが何度かあった。しかし一度だけ、約束したのにお友達が現れないことがあった。雨が降り始めていたので、

「きっと雨だから来ないよ」

と言っても、

「約束したもん。絶対に来る！」

とその場を動こうとせず、一時間近く待ち続けた。結局、その友達は最後まで来ることはなかった。

翌日、Aは「昨日は雨だったから中止になったんだって～」と笑顔で帰って来た。Aがそんな調子だったので、時にはお友達と喧嘩もしているだろうけれど、それなりに新しい学校でうまくやっていると思っていた。学校も休むことなく行っていた。だからAが学校でつらい思いをしているなんて、思いもしなかった。

2　お母さんに心配かけたくない

一学期の終わりに保護者面談があった。担任の先生から意外なことを聞かされた。

「あの、Aさんから何か聞いていますか？」

「いいえ、特には…。何かあったんですか？」

「実は、このクラスの誰かの靴が時々隠されるんです。それで、その犯人にA君が疑われているんです」

「え？　今初めて知りました。なぜAが疑われているんですか？」

「靴が隠された日は必ず、Aさんがクラスの子と揉め事が起きた日なんです。しかも、みんなで無くなった持ち物を探し始めると、必ず一番にAさんが発見するからです」

「あの……もしかして、先生もAを疑っているんですか?」

「いいえ……」

「だったら、疑われているAや疑っているクラスの子どもたちに、先生から何か声をかけてくださったんですか?」

「はい。Aさんに、こう声をかけました。『お友達と仲良くしようね。そしたら物が隠されることは起きなくなると思うし、君が疑われずに済むよ』と……」

その担任からの言葉が理解できず、話が続かなかった。担任の言葉が小骨のように心にひっかかっていた。次の日も次の日も……ひっかかった小骨は消えるどころか存在感を増していった。

担任の声かけは、疑われているAの立場に寄り添ったものとは思えない。『Aさえ誰かと揉めさえしなければ、全て解決する、丸く収まる』という考えなのだろうか。疑っている子どもたちには何の指導もしないなんて、先生もAの仕業と思っているのだろうか。思っていないなら、「誰が疑っても、先生はA君が靴を隠した犯人じゃないと思っているよ」と声をかけて欲しかった。それなのに「みんなと仲良くすれば疑われずに済むよ」なんて、あんまりだ……。

結局、夏休み中ずっと、担任に言われた言葉で私の心は不穏のまま、二学期を迎えてしまった。私は何とかして担任への不信感を払拭したかった。これでは自分もつらいし、保護者が担任を信頼できなければAのためにならない。私さえ気持ちを切り替えられたらそれで済むのかな、とも考えた。だが、まもなく担任への不信感は決定的なものとなった。

それは授業参観の日のことだった。あるお母さんから、

「あの…河西さん。大丈夫ですか?」

と声をかけられた。とても心配そうな顔をしていた。大丈夫って、何だろう? 私の顔色でも悪いのかな?

「あ、大丈夫です。急いできたから息が切れてしまって……」

「そうじゃなくて。Aさんのことです」

「え? Aが何か…?」

「えっ! Aさんから何も聞いていないんですか?」

心配そうに私に声をかけてくるお母さんは彼女だけではなかった。『これはただ事ではない』と思った。あるお母さんが重たい口を開いて、自分のお子さんから聞いた話を教えてくれた。

「うちの子が言うには、男の子の何人かがAさんをいじめているみたい。先生のいないところでからかったり、蹴ったり……」

私は言葉を失った。

そして帰宅後、Aに話を聞いた。

「Hくんたちにひどいことされているって聞いたけど、本当なの？」

「うん、時々ね。でも大丈夫。ぼく、我慢できるから」

「ちっともよくない。そんなこと我慢しなくていいの。あなたが我慢して済むことじゃないの。なんで言ってくれなかったの？」

「だって…お母さんに、心配かけたくなかったから」

私はすぐ、担任に放課後の面談をお願いした。一人では感情的になってしまいそうだったので、夫にも同伴してもらった。

学校に着くと、担任は「今日は、何のお話でしょう？」と口火を切った。

私はこらえきれず言った。

「うちの子がある男の子たちにからかわれていると、先日の授業参観で複数のお母さん達から聞きました。心配して声をかけてくれたんです。先生はご存知ですか？　ご存知ですよね？」

担任は、『あぁ、そのことか』という顔をして、こう答えた。

「はい。聞いてはいますが、私は実際に現場を見てはいないので。Aさんも悪いんですよ。前の学校はどうだったとか、余計なことを言うので。それに、相手の子にも可哀相な面があって……」

自分が見ていないから放置したのか？　いじめている子は可哀相で、やられる原因を作っているAが悪いのか？　私は担任に深く傷つき、失望した。同伴していた夫も黙ってはいなかった。

面談の様子を心配して、途中から教務主任も同席した。この面談は二時間以上にも及んだ。この担任の先生は、Aの特性を理解してくれないばかりか、我が子のことを否定的に見ていることが悲しかった。

それでもAは毎日登校した。今の担任の元でAへのからかいが収まるとは思えなかったが、Aを心配して助けてくれるお友達や気の合うお友達もいて、Aなりに学校に馴染んでいった。しかし、Aの初詣の絵馬には「前の小学校に戻りたい」と書かれていた。そんな気持ちで今の学校で頑張っているのかと思うと、私もつらかった。

五年生に進級しても単学級であることは変わりなかった。ただ、子どもたちの顔ぶれはそのままでも、担任が交代され新しい先生が担任になった。次の担任は、人を傷つけるような言動を決して見逃さない厳しい先生だった。厳しさの一方で、さっき叱ったばかりの子でも、いいと感じたことは言葉にして全員の前で褒めてくれた。子どもたちを子ども扱いせず、一人の対等な人間として向き合う先生だった。本当に昨年度と同じ子どもたちなのかと疑うほど、クラスの雰囲気が明るくなり、活発になった。

Aはこの先生が大好きになり、学校の先生に憧れを抱くようになった。

3　Bのこと

Aに「お母さんに心配かけたくなかったから」と言われた時、私はズキンと胸が痛んだ。Aは私にSOSを出したくても出せなかったのではないだろうか。もう自分だけのお母さんではなく、お母さんの隣にはいつもBがいて、いつもBの育児が大変そうで、「我慢できるなら我慢しよう」と思ったのかもしれないと……。

引っ越して来る一年前のことだ。Aを通級指導教室に通わせる日だけ、次男のBを保育園に預かってもらうようになった。預け始めてまだそんなに経たないある日、帰り際に保育士さんから、

「Bくんって、全然お友達の真似をしないんですね。自分で食べようとしないんですね…」

と言われた。Bはまだ一歳そこそこで、保育園に慣れてないだけでは？　と思い、保育士さんの言葉をさほど気にしていなかった。しかし他にも心配なことがあった。この激しい夜泣きはいつになったら止むのだろう？　一歳半を過ぎても言葉が出ないのはどうして？……等々。こんな私の心配を煽るように、保健所の一歳半児健診で指導が入った。

Aと同じ療育センターで診てもらおうかと悩んでいる最中、夫の転勤が決まった。荷造りの合間に、私は引っ越し先の地域療育センターを調べて受診の予約を入れた。

受診の結果、Bは自閉傾向と知的な遅れを指摘された。私はAならずBまでも…という衝撃を受けた。そして『もしこのまま言葉が出なかったらどうしよう。お願いB、「お母さん」と呼んで…』そんな気持ちを抱えながら不安な日々を過ごしていた。

4　家族の絆

F市に引っ越して来て初めての夏休み。たまにはAをどこかへ連れて行ってあげたいと思い、Bを連れて三人でデパートのおもちゃ売り場へ行った時のことである。

共用のおもちゃで自由に遊べるコーナーがあり、Aが迷路のような装置に小さな球を転がして遊び始めた。Bも興味を持ったようで、小さな球を手に取った。二人ともいろいろなおもちゃで長い間遊んでいて、ふと時計を見たらもうお昼になっていた。

「そろそろご飯食べに行こう」

Aは「は〜い」とすぐおもちゃを片づけたが、Bはさっきの小さな球をまだ握りしめていた。私は手をパーにして「お母さんにちょうだい」など促してみたが、嫌がって放さない。時間はどんどん過ぎていく。私は待てなくなって、無理にBの手を開いて球を取って元に返した。次の瞬間。立っていたBは思い切りのけぞり、床で頭を打ち、ひきつけを起こしそうな勢いで激しく泣き出した。近くに授乳室の看板を見つけ、駆け込んだ。ベビーベッドがひとつだけ空いていたが、泣いて暴れて寝てくれない。私は急いで哺乳瓶でミルクを作った（Ｂは二歳を過ぎてもミルクが好きだった。かなりの偏食で、離乳食をあまり食べず、私は粉ミルクを持ち歩いていた）。Ｂはすごい勢いで哺乳瓶に吸い付き、ぴたりと泣き止んだ。ぶつけたところ、大丈夫そうだな…。そう安堵した時、周囲の視線に気づいてハッとした。こちらを見て囁くお母さん達の声が聞こえる。「あの親、変だよね」「もう大きいのに哺乳瓶でミルクって」「食べさせてないのかな」ヒソヒソヒソ……。

その堪え難い空気を吹き飛ばしたのはＡだった。

「お母さん、Ｂ、泣き止んでよかったね！　さっきは痛そうだったけど、おいしそうにミルク飲んでいるね。かわいいなぁ…」

そう言ってニコニコとＢをみつめるＡに、私は心底救われた。嬉しかった。Ａがお兄ちゃんとして「痛そう」「おいしそう」と弟の気持ちになってくれたこと…弟を「かわいい」と思い、それを言葉に出して言ってくれたこと…。周りを気にせずに行動できるＡの強さと素直さに、こんなにも助けられたことはなかった。

時々、Ａはまだ言葉の出ないＢの通訳もしてくれた。Ｂが何を求めているのか、何で機嫌が悪いのかなど、Ｂの代わりに私に伝えてくれた。私にはなぜそこまでＢの気持ちが読めるの？　兄弟間のテレパシー？　と不思議でたまらなかったが、Ａに言わせれば、

「なんでお母さんには（Ｂの言いたいことが）分からないの？」

だった。ショック。Ｂをよく観察すれば私だって…とあれこれ努力してみたが、Ａには

到底敵わなかった。

Aがいなかったら、Bの育児はどうなっていただろう。私はAにどれだけ助けられたかしれない。もしBが生まれなかったら、Aのこんな一面にも触れることはできなかっただろう。

5　Aの成長

我が家でも兄弟喧嘩はつきものだった。今まで一人っ子で穏やかだったAは、自由過ぎる弟に苛立ち、「ぼくのだから返して！」「今、ぼくが話しているんだよ！」と怒りをあらわにした。Bはお兄ちゃんに怒られても怯むどころか、怒られたことに腹を立て、攻撃的になった。普段は私が止めに入って事なきを得ていたが、ある日、目の前でBがAを叩いたのが見えた。Aはやり返し、Bもやり返し、とうとうAはBを突き飛ばした。力の差があるため、Bは勢いよく吹っ飛んだ。幸いケガはしなかったが、冷や汗をかいた。私はAを近くに呼んで話をした。

「Bの方が初めに叩いてきたんだよね。お兄ちゃんだから我慢しなさい、とは言いません。でも弟にケガさせたら大変だから、いくらBが悪くても、やり返さないで。手を出さないで欲しいの。約束してくれる？」

Aは涙の滲んだ悔しそうな顔をして、こう言い返した。

「お父さんだって僕を叩くじゃないか！　なんで僕は弟を叩いちゃいけないいんだ…悪いことしたのに…」

私は涙を浮かべて悔しがるAを抱きしめた。

「そうだね、Aの言う通りだね…。Aの気持ち、教えてくれてありがとう。お父さんには、もう二度とAのこと叩かせない。これからは絶対にAのこと守るって、お母さん、約束する。だから、もうBのこと叩かないで。どうしてもBに頭にきて手を出しそうになったら、Bの手の届かないところに離れなさい。トイレや部屋に逃げこみなさい。『逃げるが勝ち』。それだったらできそうかな？」

「うん…分かった」

以前、教育相談でカウンセラーさんが言っていた「体罰に意味はない（かえってマイナスになる）」は、まさにこのことだと痛感した。夫は仕事が忙しく、いつもAやBが寝た頃に帰宅した。その晩、私は夫にお願いをした。夫は短く「分かった。もうしないよ」と言って約束してくれた。夫の名誉のために断っておくが、夫は決して暴力的な父親ではない。子どもたちへの関わり方がうまくいかず、思いが伝わらないのがもどかしく、大事な我が子に時折手を上げてしまう自分に苦しんでいたに違いなかった。

突然の転校という荒波、弟の存在は、どれだけAを葛藤させたか知れない。それでも、Aは葛藤した分だけ大きく成長していった。私たち保護者に大切なことを気づかせてくれたのも、手のかかるBのことを一番助けてくれたのもAだった。

Aはさまざまな経験を通して自分の世界を広げ、人との関わり方を学び、心配していた「こだわり」や「相手を理解する」課題をいつの間にか少しずつ解決していっているようだった。それは、Aの障害傾向を早めに気づけたことが、功を奏したと思っている。

6 自分で決めた道

Aは六年生になり、部活や習い事に忙しく過ごしていた。春に修学旅行が終わり、卒業を意識し始めた頃のことだった。

「お母さん。ぼく、中学受験したい」

突然そう言われて、私は戸惑った。

「なぜ受験したいの？」

と聞くと、

「もっと勉強したいから」

と言う。私は、

「分かった、お父さんに相談してみるね……」

と言ってその話をいったん終わりにした。

その夜、受験させるかどうか夫と相談した。私は、『わざわざ受験しなくてもいいのにな…』と思っていた。学区の中学校は近かったし、学校の情報も入りやすい。それに夫は転勤族だ。次に遠くに転勤することがあったら単身赴任してもらわないといけなくなる。しかし夫の考えは、私とは違っていた。

「転校してきてからいろいろあったし、Aは学区から離れたいんじゃないのかな。その方が得意な勉強に集中できそうだし。俺はAが受験したいのなら、受験させてやりたい。俺が単身赴任してもいいから……」

と言う。そして、夫のそのひと言でAの受験が決まった。

その日から、私はAの受験勉強に付き合った。Aは部活や習い事は続け、受験勉強のために学校を休むこともなく、合格を目指した。そして二月。Aは私立のZ中学校への進学が決まった。

中学・高校時代のAは、学級委員を任されることも多く、お友達との関係も良好で楽しそうだった。Aの持ち物が隠される事件もあったが、学校は「いじめを許さない」姿勢で丁寧に対処してくれた。Aは、学校で活躍しながら、自己有用感を高めていくことができた。『夫の後押しで私立受験させてよかった…』と思った。

大学受験は苦戦した。なかなか思うような結果が出ず苦悩していたAは、自分の実力を試すため、思い切って遠くの大学を受ける決心をした。追い込みの猛勉強が始まった。

合格発表の日。スマホの画面にAの受験番号を見つけた。ひと言「おめでとう！」を言おうと、手を震わせながらAの携帯にメールすると、すぐに返信が届いた。

『今までどうもありがとう』という短いメールだったが、『私の方こそありがとう』という気持ちだった。今までの子育てが走馬灯のように心に浮かんでは消えていった。


あのAが大学生になる。一人暮らしを始める。感無量な思いを齋藤先生にも報告した。

一人暮らしを始めたAは、初めはリズムがつかめず、かなり大変だったらしい。しかし、一人暮らしに疲れて、しょげているのかと思いきや、

「家から出てよかった。家にいたら甘え過ぎるところだった！」

と言うので笑ってしまった。なんてポジティブなんだろう！　Aは今、無事に成人し元気に暮らしている。


Aの辿ってきた道は決して平坦ではなかった。でも先生方をはじめいろいろな人たちの力を借りながら、自分なりに課題を乗りこえ、ここまで来ることができた。私は親としてAと共に歩みながら、多くの人たちと出会い、学びを得ることができた。泣いたり笑ったり、忙しかった日々は、Aだけでなく私をも成長させてくれた。

＊河西の経験から保護者と学校（教師）との連携の重要性が伝わってくる。教師と保護者の具体的な連携の在り方について、事例を基に話を進めたい。

四　よりよい教師と保護者の連携とは

1　保護者が頼りにしているのは誰か

発達に課題を感じる児童の保護者は、子育てや子どもの学校生活等に不安や悩みを抱えている。そのような保護者に教師（学校）はどのように繋がり、どんな支援ができるのだろうか。

筆者は、かつて発達障害の保護者支援をテーマに研究に取り組み、通級指導教室の保護者を対象にこれまでにどこからどんな支援を受けてきたのかを調査した。この調査から、発達障害のある児童の保護者の65％は、就学前から何らかの支援を受けていることが分かった。次の表は、保護者からの回答の一部である（表1参照）。

【表1　これまでに受けてきた支援について】

いつ	誰に	どんな支援を受けたか
就学前	①療育センターのスタッフ ②区の子ども相談 ③保健所の保健師 ④幼稚園保育園等の先生	心理相談 発達診断、親子教室 子育て相談 発達相談
小1〜小3	①通級指導教室の先生 ②療育センターのスタッフ ③学級担任	定期的な個人面接 心理相談 専門機関の相談
小4〜小6	①通級指導教室の先生 ②療育センターのスタッフ ③医療機関の医師	定期的な個人面接 教育相談 検査、診断、投薬情報

（齋藤2018　第27回 日本LD学会研究大会ポスター発表資料より）

この調査から、保護者が頼りにしているのは療育センターや通級指導教室の先生が多いということが分かった。一方で「学級担任」という回答が予想外に少なかったことが気になった。一般的に学級担任は「保護者の支援者」という意識が低いのだろうか。筆者は、一日のほとんどを学校で過ごす子どもたちを預かる学級担任が、もっと保護者と連携し児童の健やかな成長を支えていくことを重要視する必要を感じている。

Ａが転校先の学校で、担任に特性を理解されないばかりか「問題児扱い」されていたことに心が痛む。発達に課題を感じる子どもは、周りの子どもたちから見ると「理解しづらい特性」があるので、学級担任の適切な指導がないと、そのことがいじめの原因に繋がってしまうケースがある。しかし、Ａの場合は担任に聞けば聞くほど「Ａに問題がある」と言われてしまった。そこには保護者の無念な思いがあるだけで、教師との信頼関係はない。

幸いＡは担任交代により、学校生活を楽しく送ることができるようになったが、このように学級担任の在り方次第で、子どもの学校生活が変わってくるということをどう考えたらいいのだろうか。担任も保護者も同じように子どもの成長を願う気持ちは同じはずなのに、ズレが生じてしまう原因を考える必要がある。

このようなことを未然に防ぐためには、「学校としての対応」という筋の通った指導方法や支援体制を構築していく必要がある。「教師個人」の考えではなく、学校としての対応や姿勢を検討し、保護者に伝えていくことが重要なのである。発達に課題を感じる子どもへの指導や支援は確かに簡単ではない。だからこそ担任一人が行うのではなく、特別支援教育コーディネーターを中心として学校組織を活用して対応することが求められているのである。この点については、第三章 三 175頁～で詳しく述べる。

2　担任と保護者が繋がるために

学級担任が保護者と連携していくための第一段階として最も大切なことは、児童の状況や実態についてお互いに情報を共有しているということである。では、どのようにして学級担任と保護者が情報を共有していけばよいのか…事例を通して具体的に述べたい。

【エピソード5】衝動性の高いUさんの保護者との連携　＊＊＊＊＊＊＊＊＊

Uさんは、衝動的で乱暴な行為が目立つ児童だった。保護者は、これまでずっと担任や他の保護者からUさんの暴力的な行為についてクレームを受けることが多く、その都度謝罪を重ねてきた。しかし一方で、Uさんが家にいる時の穏やかな様子と、一歩家を出た時の学校や外で遊んでいる時の強い感情表現の様子が、大きく異なることについて『何故なんだろう…納得がいかない…』という思いも抱えていた。

保護者との関係に大きな変化が生じたのは、家庭訪問の時である。

筆者は家庭訪問で、Uさんが学習意欲もあり優しい心の持ち主であることを賞賛したうえで、学校生活における課題について、こう話した。

「衝動性が高いので、思いついたことをすぐに行動に移してしまい、周りの子どもたちと衝突したり相手にケガをさせてしまったりする場面が多くありました。しかし、

Uさんは『自分は絶対に自分は悪くない！』と言い張り、なかなか自分の非を認めようとしないのです。おそらくUさんは『不注意ではあったがわざとやったわけではない。だから謝る必要はない』という考えなのだと思います……」

「またUさんの力が強いので、周りの子どもたちから怖がられてしまうことがあります。しかしUさん自身はさほど強く力をかけたつもりはない…といった様子ですので、もしかしたら自分で力加減をコントロールすることが難しいのかもしれません…」

そして、そろそろ学校に戻ろうとした時、突然Uさんの保護者が口火を切った。

「…先生、うちの子ADHDですか…？」

私は保護者のこのひと言にとても驚き、学校に帰る時間も忘れて再び話を続けた。話の中でUさんの保護者がADHDについてインターネットで調べ、今までずっと自分の子どもがADHDではないかと悩み続けてきたということを知った。保護者は教師が考える以上に我が子を思い、悩んでいることが多い。Uさんの保護者も「家では穏やかでいい子なのに、どうして学校で問題を起こしてしまうのだろう」という悩みを抱え、保護者としていろいろ勉強をしていたのだった。

保護者から「うちの子、ADHDですか？」という言葉が出たので、ここから話は一気に進展し、すぐにスクールカウンセラーに繋いで教育相談を実施し、特別支援教育センターにも予約を入れた。そして家庭訪問から約一ヶ月後の六月半ば、特別支援教育センターでの検査と教育相談を経て、月末には通級指導教室の見学を行い入級が決まったのだった。驚くべきスピードで、支援の方向性が定まったケースであった。

このあたりの保護者との連絡帳での実際のやり取りを示すので、参考にして欲しい。

★保護者より

昨日の通級での U の様子は初めての場所でしたが、割合のびのびと楽しく（リラックスした状態）参加できたように思います。U の感想は「また行きたい！」とのことで、通級指導教室への入級が決まりました。先生のおかげでこんなに早く通級に参加できるようになり、本当に感謝の気持ちでいっぱいです。ありがとうございます。親子で学習の場をもらえたことをとてもうれしく思いました。

☆担任より

通級指導教室でのようすを聞き安心しました（実は私なりの親心？ でちょっと心配もしていました）。このようにスピーディーに事が進んだのも全て賢明なお母様の英断によるものと思っています。私もこの時期に U さんと出会い、少しでもこの先のお役に立てる仕事ができたかな…と思うととてもうれしいです（まるで自分の子が受験に受かったような気持ち…？）。

これからもお家の方々と手を取り合って U さんの今後の成長を見守っていきたいと思います。

★保護者より

いつもお世話になっております。このお手紙、とてもうれしく読みました。しかし私としては、五月の家庭訪問の時に齋藤先生が私に「Uの個性」のことを話してくれたことがきっかけで、ここまでいろいろな方のご支援できることができたのだと思っています。通級指導教室の内容もまさにUに必要なスキルだと本当に行けてよかったと思っています。先生の言われていた通りだと実感中です。

＊＊＊＊＊＊＊＊＊＊＊＊＊＊＊＊＊＊＊＊＊＊＊＊

子どもに適切な指導・支援を実行していくためには、保護者との連携は不可欠である。保護者と担任がうまく繋がれば、児童への支援の道筋も見えてくる。担任は、保護者の悩みや願いをしっかり受け止め、情報を共有しつつ、共に子どものために力を合わせていくという姿勢を示すことができた時に、信頼を得ることができる。そうして保護者に寄り添った支援ができるようになれば、児童への指導や支援も大きく前進していくに違いない。

ちなみにこの時の児童Uさんは既に成人し、立派な大人になっている。発達に課題を感じる児童に対する支援の開始は早ければ早いほど効果的である。担任は児童の将来を切り拓く重要な役割を担っている。

3　子どもを変える教師と保護者の連携のポイント

①　学校での出来事をどのように共有するのか

情報共有のツールは「ノート」が望ましいと思う。「書いて渡す」ことは時間がかかるが、記録にもなる。電話は急を要する際には必要であるが、基本的に出来事の経過を伝える際にはよい結果を生まないことが多い。聞き逃しや聞き違いも含まれる。しかも記述と異なり、もどって確認することができないので、誤解がそのまま定着してしまう恐れもある。

筆者が担任だった頃は、保護者に共有して欲しいことは「連絡帳に書く」ということが普通だったが、最近は「連絡帳に個人情報をあまり書かないことが望ましい」という考え方も出てきた。特に「児童が気にするようなことは書かない」ことを指導する学校も少なくない。個人情報保護の視点からも、連絡帳は事務的な連絡や児童自身が予定などを書くためのものになってしまったようだ。

しかし「書いて示す」ことができないと「話す」という方法しかない。そうなると児童が下校した後、職員室の電話はパンク状態。大抵は二つしかない職員室の回線が繋がったままの状態で、順番を待って児童の家に電話をする教師の姿を見ることが多くなった。

一方で保護者の立場から言えば、急にかかってきた電話で「…今日、○○さんが…」と始まり、学校での出来事を教師から延々と聞かなければならないことは、勝手な言い分と分かっていても苦痛以外の何物でもない。保護者にとっては、我が子が帰宅し『一緒におやつを食べよう』とか『そろそろ、買い物に行こう』等の時間帯に、担任からの長電話を受け取ることは、感情的にもいい状況では話が聞けない。

また仕事をしているために、電話が繋がるのが夜しかないという保護者もいる。夜疲れて帰ってきたところに、担任から「今日お宅のお子さんが…」という連絡を受け、閉口してしまう保護者もいるだろう。教員にしても、夜、児童の家に電話をしなくてはならないということになると、勤務時間終了後も在校しなければならないので、負担感が大きい。

こうした状況の中で、教師側も『いちいち電話するのも大変だから…』ということになってきて『このくらいのことは電話しなくてもいいだろう…』という風に情報共有の頻度が下がり始め、だんだん保護者との間に溝ができてくる。保護者は電話がこなくなると「ちゃんとやっているのだ」と思いがちだが、実はそうではなく、ただ連絡をしていなかっただけで児童はいろいろな課題を抱えていたりすることも少なくない。

「保護者との連携」はきれいごとではない。「情報共有」と簡単に言うが、そう簡単にできることではない。そこで筆者が提案したいのが「保護者との情報共有ノート」である。連絡帳がダメでも、保護者との交換ノートなら「書いて伝える」ことが可能なのである。ノートに書いて伝えることは児童の行動記録にもなるし、保護者も「ノート」の形ならいつでも繰り返し読めるので一石二鳥である。忙しい教師が書く時間を見つけるのが難しいならノートを二冊用意し、一日遅れでもいいから情報を送り、保護者からの返事を待ってやり取りすればいいのである。何も連絡しないよりはよっぽどいい。実際にこの方法で保護者との連携を深めることができた。

ちなみに、この取り組みの成功の秘訣は、交換ノートのやり取りを仲介してくれる子どもの存在である。子どもに「交換ノートの配達、しっかりお願いしますね！」と念を押すことが大切である（子どもが忘れてしまったり、故意にノートを出さなかったりすると、この交換ノートによる情報共有は失敗に終わる可能性もある）。

中には「僕のことを書いているの？」と聞いてくる子どももいるだろうが、隠さずに「そうだよ。今日の学校での出来事をお家の人に知らせるのは先生の仕事だからね…」と言えばよい。だんだんノートが進んでくると子どもの方からよいことがあった時などは「今日のこと、ノートに書いてね」と言ってくることがある。そうなったらしめたもの！　家庭と学校は繋がっているのだ、ということを児童が理解できることこそ、教師と保護者の連携の理想的な姿だと思う。日常的にもっと児童に関する情報のやり取りができれば、教師と保護者の信頼関係も高まってくるだろう。

言うまでもないが、ノートは茶封筒などに入れて厳封し、児童に渡すことが望ましい。重要な個人情報でもあるので、児童や他の人が読めないように管理を尽くしてノートをやり取りすることを心がけたい。

②　情報共有について

情報共有というのは、何かあった時（事件や事故）の連絡のことではない。ある保護者は「担任は何かあった時だけ連絡してくる。だから電話が鳴るたびに動悸がして憂鬱になる」と言った。いいことも伝えていれば、こうは言われなかっただろう。

元々問題行動が多く見られる児童は、教師から頻繁に叱られたり注意を受けたりする傾向が強く、自尊感情が下降気味である。そうならないようにするためには、教師が児童の「いいこと見つけ」もしっかりやり、いいことを見つけたら、その情報を保護者と共有し、学校（教師）だけでなく、家（保護者）でも褒めてもらうことが大切である。せっかく学校でよいことがあっても、保護者が多忙だったり子どもたちも言い忘れてしまったりで、家庭に伝わっていないことが少なくない。保護者との信頼関係を築く上でも、児童のよかったことを確実に伝え、保護者と共に児童の成長を喜び合う姿勢を大切にしたい。家でも褒めてもらうことで、児童の有用感は大きく育つ。このようにして、学校生活での課題を連絡する一方で、児童のよい行いや頑張ったことを認め、家庭と共有し、児童の自尊感情が下がらないように工夫していくことが重要である。

また情報共有は、学校から家庭に送る情報だけでなく、家庭からも児童に関する情報を得ることが重要である。教師が把握した事実を伝えながらも、家でも同じことを聞いてもらい情報共有することで、保護者と教師の信頼関係が高まることがある。例えば、学校で何か起きてしまった時に、教師が得た情報を基にして保護者に連絡を入れるが、一方で「本当にそれでいいのか」「児童は納得しているのか」の確認をとるために筆者は、家でも児童から話をよく聞くようにお願いし、情報をつき合わせてきた。

このことは教師の決めつけや一方的な指導を防ぎ、家庭でも同じ目線で指導してもらうという意味で、とても有効であった。情報共有の具体的なエピソードを紹介したい。

****

【エピソード6】保護者からの連絡で謎が解けた！

雪が降った翌日の下校中の出来事だった。

通学路の脇には雪かきをしてくださった地域の人が寄せた雪の山がいくつも残っていた。Uさんはその雪の山から、一握り雪を拝借して雪の玉を作り、投げて遊び始めた。そうこうしているうちにUさんの友達も加わり、雪合戦のようになっていたのだろう。そこに下校途中のIさんが通りかかり、Uさんの投げている雪の球をよけるようにしていて坂道で転倒してしまったのだ。滑った勢いもあり、全身を打撲したばかりか顔をすりむき血がにじんでいた。周りにいた子どもたちは、とても驚き学校に戻って職員室に飛び込んで来た。

「先生、大変！　Iちゃんが坂道で転んでケガをしてしまった。Uさんの投げた雪の玉から逃げようとして走って転んだんだ…！」

私は慌てて様子を見に行き、すぐにIさんを保健室に誘導して、Uさんを探した。現場には、たまたま下校指導で外に出ていた隣のクラスのJ先生がいた。そこに…突然、血相を変えて大きな木の枝を抱えたUさんが走りこんで来た。驚いた私は、とりあえずUさんを静止して話を聞こうと思ったが、あまりにもすごい勢いだったので、止めることができなかった。Uさんはそのまま校庭まで戻り、校庭に置きっぱなしになっていた自分のランドセルを背負うと、どこからか持ってきた大きな木の枝をやり投げ選手のように遠くに投げつけ、走って行ってしまった。あまりにもすごい勢いだったので心配になり、すぐに保護者に連絡を入れて迎えに出て欲しいと頼んだ。保護者はすぐに家を出て、泣きながら走って帰って来たUさんを迎えてくれた。

しかし、Uさんがなぜ大きな木の枝を持って学校に来たのか…については理由が分からなかった。一体、何をしようとしたのか…？　分からないまま、翌日を迎えた。

そして、その理由が分かったのは、翌日の連絡帳を読んだ時だった。

【連絡帳による保護者から担任への連絡】

昨日はご心配おかけしました。その後、二人で落ち着いた状態で話をすることができました。子どもの話は先生の説明の通りでした。木を持って行ったのは、ランドセルを取りに行くためのもの（護身用の？）ものだったようです。

　Uの話によると、Iさんが転んでJ先生に捕まえられてひどく叱られると思い込みあのような行動に出てしまったようです。木は友達を傷つけるために持ったわけではないと言っていました。Uには、「先生は敵ではない。今日もケガになるのを守るために止めに入ったのだよ。怒るために止めたのではないよ。」「先生はいろいろなことを教えてくれたり、助けてくれたり味方なんだよ！」と言いました。

　Uは、いまいちピンときていないようでしたが、少しは分かったような表情をしました。

　大きな声で何かを言われた時に、全てを「怒られる」と思い込み、逃げたり自己防衛のために手を出したり（今回のように物を持ち出したり）というUのサイクルがあるように感じました。

『そうじゃないんだよ』ということをもっとUに詳しく教えていきます。

　今後ともご指導よろしくお願い致します。


　この連絡帳があったおかげで、この事件の謎は全て解明できた。

　私は連絡帳の返事を次のように書いた。

【連絡帳による担任から保護者への返事】

ご丁寧なお手紙をありがとうございました。お母様のフォローすばらしいです。さすが…です。私の思っていた通りのお母様の説明でした。J先生にも伝えます。

今日のUさんはとても穏やかでした。私と二人で特別支援教室で少し話もしました。お母様の話と同じ内容でした（と言っても連絡帳は話の後で読みました…）。

二人（先生とお家の人）が同じことを言うのはしつこいかな…と思う面もありますが、めざす方向が一致していることで、Uさんも安心できるのでは…と思っています。

＊＊＊＊＊＊＊＊＊＊＊＊＊＊＊＊＊＊＊＊＊

子どもたちは、家庭と学校、双方の支援の方向が一致し、連携した働きかけがあった時に大きく変容する。

現実には学校での出来事は、学校だけで対応して家庭には報告だけをしていることが多い。しかし場合によっては、『学校だけで何とかしよう…』ではなく、もっと学校と家庭が連携して児童への指導を行うことができれば、指導効果は増大するだろう。保護者は児童の最大の理解者であり、教師にとって最大のパートナーであることを、この事例を通して実感して欲しい。子どもは、家庭と学校の協働体制の中で変わっていくのである。

③　個人情報の開示

通級指導教室に通っている児童のことを、子どもたちに「どう伝えるか」については前述した（88頁〜参照）が、周囲の子どもたちの理解を得るためにどうしても「障害特性についての説明」が必要な場合には、どのように伝えるか、事前に保護者と綿密に打ち合わせをしておきたい。保護者の了解を得ずに子どもたちに「○○さんには障害があります」と子どもたちに説明してしまい、問題になったケースもある。子どもたちに伝える時には、「○○さんには、〜な時（状態）があります」等の説明にとどめ、診断名を出さないなどの配慮をしたい。

また、学級懇談会等を利用して保護者が自分で説明する方法もある。「自分で話すのは苦手だし、そこまでしたくない」という人には、手紙を書いてもらい代読することもよいだろう。

追記：数年前に再会したUさんの保護者が、当時の思い出と共に、連絡帳を大切に保管していることを知り、感激した。今回の連絡帳でのやり取り（エピソード5及び6）の紹介は、Uさんの保護者の協力を得て実現した。

第三章　可能性を高め、未来を切り拓くために

～発達に課題を感じる子どもをよりよく支援する方法～

本章では、河西がBの子育てを通して体験したことや行動したことを書き、筆者が学校や社会ができる支援について問題提起する。

＊河西は、Bの育児を通して様々な壁に突き当たった。それをどう乗り越えたのか。そして何を得たのか…保護者としての悩みを糧に新たな道を切り拓くまでの体験を書いてもらった。

一　一人で抱えないネットワークづくり（河西）

1　保護者同士のつながりを求めて

M市でAをグループの通級指導教室に通わせていた頃、グループのお母さん達は、みんな我が子の発達のことで悩んでいた。悩みをお互いに打ち明け合い、共感し合える仲間だった。そんな「仲間」は、私の心のよりどころだった。

夫の急な転勤でF市へ引っ越し、M市から離れてしまった私は、心のよりどころとしていた仲間たちとも会えなくなってしまった。日々時間に追われ、忙しく頑張っているだろう仲間のお母さん達に、電話やメールをするのは気が引けた。私は寂しさに耐えつつ、新しい生活に慣れようと必死に前を向こうとしていた。

そんな中、転校先の小学校でAにTくんというお友達ができた。Aは学校から帰った後もTくんと遊ぶようになり、私もTくんのお母さんのケイコさんと親しくなった。「困ったことがあったら、いつでも言ってね」と声をかけてくれる親切なケイコさんを私は頼りにするようになっていった。

二歳になった次男のBは、ようやく夜泣きがおさまってきたものの、言葉が出ず、癇癪やこだわりがひどく、悩んでいた。健診で発達の遅れを指摘され、医師に診てもらうと、自閉傾向と知的な遅れが見られると言われた。Aが小学校に行っている間は意思の疎通が難しいBと二人きり。Bが可愛いと思えば思うほど苦しくて、不安ばかりが募っていった。あまりのしんどさに、ケイコさんにBのことを打ち明けた。「他の人には話せないけど、ケイコさんには聞いてもらいたくて……」と。

悩みを聞いてもらい、Bの理解者ができたと思っていた。

だがある日、ケイコさんに突き放すように言われた。

「なんでBさんの障害を隠すの？　このご時世、『自閉症』って検索すれば、Bさんがどんな障害か、みんな分かるでしょう？　それなのに、隠すなんて理解できない。私にだけに話すのはやめてくれる？」

私はまだ小さいBの障害を受け止めきれてないからこそ、他の誰にも話せずにつらかったことを理解してもらいたかったが、それは叶わなかった。自閉傾向の現れ方は一人ひとり違う。どんなに検索して情報を集めても、誰にでも同じように理解できるものではないことを分かってもらえなかった。

発達に課題のある子どものことを「分かって欲しい」と思ったのが甘かったのか、健常児の親は自分以外の子どものことには興味がないのか……。子どもを持つ同じ母親として、『分かって欲しい』『受け止めて欲しい』と思った自分が悲しく、惨めな気持ちになってしまった。

2　Bの保育園入園

相談相手のいないままひきこもっていたある日、地域の広報誌で「親子ひろば」の情報が目に留まった。就園前の親子対象。L保育園で親子同士の交流をはかり、保育士さんに悩み相談ができる…。L保育園の場所を調べると、ベビーカーを押して歩いて行けそうな距離と分かった。『よし、行ってみよう。話を聞いてくれる人に会いたい』という一心で、会場に出かけて行った。

「親子ひろば」当日は、よく晴れた穏やかな陽気だった。周りを見ると、Bより月齢の小さなヨチヨチしている子が多かった。Bは小さなお友達が遊んでいるおもちゃをお構いなしに、遊びたいものを手に取っていった。おもちゃをひったくられて泣き出すお友達。Bに「返しなさい、他のおもちゃで遊ぼう」と言ってもまったく通じない。通じないから悩んでここへ来たのに…。Bは小さいお友達を泣かせ続け、周りのお母さんたちにはジロジロと見られ、「すみません、すみません」と謝り続けた。これ以上ここにいられない。「帰ろう」とBを抱き上げた時、保育士さんに呼び止められた。

「大丈夫よ、お母さん。私たちもお子さんを見守ってるから。お話、聞かせてくれる？」

思わず嗚咽が漏れた。止めようとしても止まらなかった。保育士さんは私が落ち着くまで待ってくれた。

「親子ひろば」で、お母さん友達は作れそうもなかったが、保育士さんと顔見知りになれたので、月に一度の開催日に相談にのってもらうようになった。保育士さんはBの好きな色やロゴマークを理解してくれて、Bも何だか嬉しそうだった。

その後、Bを療育施設（母子通園施設）に通わせようかと迷い始めた頃、保育士さんから声をかけられた。

「この保育園では『障害児保育』を受けられるのよ。健常なお友達と一緒に過ごしながら発達を促すの。B君、どうかしら？」

その話を聞き、この保育園に入園させたいと思った。入園の希望を伝え、園長先生にも会って相談した。

そして、三歳の春。Bは希望が叶ってL保育園に入園することができた。

しかし、毎朝不慣れな環境にパニックを起こし、目立ってしまうB。同じクラスのおしゃべりなお友達と明らかな違いを感じて、うつむく私。送迎のお父さんやお母さん達の目も気になる。保育士さんは、Bや私に寄り添ってくれるけれど…。同じ園にBと同じように障害児保育を受けているお友達がいるかどうか気になったが、聞くこともできず…私はどうしようもなく独りぼっちだった。発達障害の子どもをもつと、親はしなくてもいいようなつらい思いをしなくてはならないのか…。私は先の見えない、やり場のない憤りを感じていた。

3 『親の会』の立ち上げ

梅雨が明けた頃､保育園からのおたより袋に『発達が心配な子の保護者のための学習会』のお知らせが入っていた。近隣の保育園の保護者が対象と書いてある。『今度こそ、ママ友達が作れるかな。仲間が欲しいな…。でも、期待するのは怖い。傷つくのが怖いし…』さんざん悩んだ挙句、とりあえず行ってみるだけ…と、足を運んでみることにした。

学習会のテーマは「障害児保育について」で、とてもためになる内容だった。でも、緊張して誰とも話せなかった。そろそろ帰ろう…と席を立ち、出口へ向かった。そこへ女の人が近づいてきた。誰だろう?

「もしかして、L保育園のお母さんですか?」

「あ、はい…」

「園でお見かけしたことがあって。うちの子はパンダ組。桜井といいます。ここで、同じ園のお母さんに会えるなんて、嬉しいわ〜!」

くしゃくしゃの笑顔を見せる桜井さんに緊張がほぐれた。私は座り直し、しばらく彼女と話し込んだ。桜井さんは、この『学習会』の運営のお手伝いをしているという。その後、保育園の送迎時、時々桜井さんを見かけるようなり、目が合うと手を振り合って挨拶をした。私は仲間ができたと感じて、もううつむかなくなった。もうひとりぼっちじゃない…と。

残暑が落ち着いてきた頃に、また『学習会』のお知らせが届き、その時初めて学習会のお手伝いをすることになった。受付に立っていると、きょろきょろしながら不安そうに会場を覗きこむ一人のお母さんがいた。私は迷わず声をかけた。

「初めて参加の方ですか？　河西と申します。忙しい中お越しくださってありがとうございます。今日は一緒に勉強しましょうね」

そのお母さんの表情が明るくなった。私も笑顔になった。

あの日、不安そうな顔をして立っているお母さんが自分と重なった。Bの子育てに悩み、暗い顔をしていた頃の自分がそこにいた。「大丈夫。あなたは一人じゃないから」と伝えたくて声をかけた。私自身、ずっと誰かにそう声をかけてもらいたかったのだ。「学習会」は年に数回しかないので『これなら私にもお手伝いできそう』と思い、学習会のスタッフになった。

参加者には、赤ちゃんを連れて来るお母さん、ご夫婦、おばあちゃん…様々な方がいた。子どもの特性を理解したい、悩み事を解決したい、情報を得たい、誰かに話を聞いて欲しい。そんな思いを持って足を運んでくれる方たちに、笑顔で帰ってもらいたいと思うようになった。

桜井さんも私も、『学習会』に参加してくれる保護者の人たちと、同じ思いや悩みを抱える仲間として出会い、仲間の輪はどんどん広がっていった。ここに来れば必ず仲間がいた。悩みに共感し合い、時には一緒に泣いた。ひとりじゃないという支えを得た私は、ありのままのBを受け入れられるようになっていった。

ある朝。桜井さんに「大事な話があるんだけど……私と一緒に『親の会』作らない？」と切り出された。

私はきょとん、として訊ねた。

「『親の会』って何？」

「『学習会』の活動は大規模だし、年に数回しか保護者が集まれないでしょう？　でも、もし地域の福祉施設かどこかを無償で借りられたら、月に一度、子どもの発達に悩みのある親御さんに気軽に来てもらえる場所が作れる。仲間づくりをしながら、悩みを聞きあったり、地域の情報を交換したりね。それが『親の会』の活動だよ。私はゆいちゃんと卒園しても会いたいから、一緒にやらない？」

「『親の会』、賛成！　うん、やろう。一緒につくろう！」

こうして、桜井さんと二人で「親の会」を立ち上げていくことになった。一人でなく、やっぱりみんなで力を合わせてがんばっていきたいと改めて思った。

後で分かったことだが、実は桜井さんは福祉関係の専門家だった。ど素人の私は彼女のサポート役。でも、今ではなかなかの名コンビだと思っている。あれから何年経っただろう。桜井さんも私も、仕事などで忙しくなったものの、月一回の『親の会』の活動を今も続けている。

4 『親の会』の取り組みから

親の会を主宰し、私だけでなく発達に課題がある子どもを育てている保護者たちが、学校や他の保護者との関わりの中で絶えず悩んでいることを実感した。その声の一部を紹介したい。

- 「あなたのお子さんは、今日学校でこんなことをしました。周りの子は落ち着いて過ごせているのに残念です」という連絡。残念だと切り捨てないで。必ず原因や理由がある。周りの子と比べないで欲しい。
- 学校生活で困っていることばかりを伝えられ、検査や専門機関への相談を勧められた。家の中とは様子が違うため、受け入れがたく、親として落ち込む。レッテルを貼られているような不信感を持った。

・来年度、発達に課題のある下の子が上の子と同じ学校に入学する。下の子のことで、上の子がいじめられないか。それが心配で夜も眠れない。学校は我が子を守ってくれるのだろうか。
・みんなと同じ宿題をやるのに何時間もかかってしまう。子どもも親も疲弊している。「他の子と違う指導はできません」「特別扱いはできません」…合理的配慮はしてもらえないのですか。

また、見た目は他のお子さんと何も変わらないために、時に理解のない保護者からの心無い言葉にあうこともある。

・「お子さん、どこかおかしいの？　病気なの？」
・「『発達障害』って言えば、何でも許されると思っているの？　そんなの言い訳でしょ」

こうした問題に対して保護者自身が子どもの特性をよく理解し、周囲に分かりやすく説明をしたり、お願いをしたりできれば最善かもしれない。しかし、家庭内でも夫婦や祖父母の間で子どもに対する理解度の差があり、子どもへの支援がうまくいかないこともある中で、「子どもの特性（診断）をすぐには受け入れられない」「どうしていいか分からない」

など、日々悩んでいる保護者がたくさんいる。

周りとは同じようにできないことがある子どもがクラスにいるのは悪いことだろうか。そういう子（人）が身近にいることが、社会なのだと思う。子どもたちの生きていく社会をよりよくするために、まず周囲の大人たちが排除したり枠にはめたりせず、いろいろな子どもたちがいることを理解して欲しいと切に願う。

＊Ｂさんの就園、就学に関する様々な出来事を通して、保護者は保育園や小学校とどう連携してきたかを河西が振り返って記述した。

二　子どもの可能性を伸ばす環境を求めて（河西）

1　魔法の黄色い箱

Ｂは就園前、知的な遅れがあると認定された。その時点では障害の程度は軽い方だったが、この先発達の遅れが顕著になってくれば重度になってしまうと言われた。そこで将来のことを考え、障害児としての証明である「療育手帳」を取得して保育園に入園した。

「障害児保育」という形で、Ｂは保育園で障害のないお友達の中で過ごすことになり、担任の木村先生と出会った。私が園に迎えに行くと、「今日はＢくんに頭突きされました」「Ｂくんが食べたいものがなかったようで、給食何も食べていません。帰ったら何か食べさせてあげてください」など、内容は「えっ」と思うようなことでも、必ず笑顔で報告してくれた。持ち物を置くロッカーには、どこに何を置くのか分かるように、園バッグや帽子、手提げなどの写真（証明写真ほどの大きさ）を貼ってくれた。「これなら見れば誰でも場所が分かるし、Ｂくんが一人でできるようになるかな、と思って」との配慮だった。手間

がかかっただろうな…。なんだか申し訳なく思った。木村先生は、
「いいんですよ、お母さん。これが私の仕事なので。それに、Bくんにとって分かりやす
いことは、他のお友達みんなにとっても分かりやすいということですから。私もBくんに
いろいろ勉強させてもらっています」
とサラリと言った。木村先生から教えてもらい、家でもBに分かりやすい方法を工夫す
ることにした。
言葉は徐々に出始めてはきたが、まだ「オウム返し」しかできなかったBは、自分の意
思をお友達に伝えられず、気持ちの折り合いもつけるのが苦手で、時々癇癪を起こした。
おもちゃを投げたり、お友達を叩いたり…。さぞ先生やお友達を困らせたに違いない。
そこで登場したのが、小さな箱の中に黄色いおもちゃばかりを詰めた『黄色いおもちゃ
の詰め合わせ』だった。Bは黄色が大好きで、描く絵も黄色いクレヨンしか使わない、と
いう徹底したこだわりぶりに目を付けた木村先生が考えた魔法の箱だった。先生は園児た
ちにこう言っていた。
「Bくんが泣いたり怒ったりして困っていたら、黄色が大好きなBくんにこれをそっと渡
してあげてね」
この『黄色いおもちゃの詰め合わせ』作戦は、大成功だった。
私が迎えに行った時、Bが怒って叫んでいるのを見かけて『うわ、どうしたの？　どう

しよう…』とオロオロしていると、一人のお友達が『黄色いおもちゃの詰め合わせ』を持って「はい、これあげる」とBの元へ。他にも数人のお友達が、「黄色いおもちゃ」をひとつずつ手に持って「大丈夫だよ」「元気出して」と言いながらBのそばに置いていく。Bの周りは黄色いお花畑のような状態になり、さっきまで怒っていたBはすっかり落ち着きを取り戻し、迎えに来た私に気づいてにっこりと笑ったのだった。言葉によるコミュニケーションが難しくても、「自分の好きなものを理解してくれるお友達がいる」「気にかけてくれるお友達がいる」という体験を通して、Bは自分を理解してくれるお友達とも関わりを持とうとするようになっていった。

そして入園して一年が過ぎた頃、Bは言葉によるコミュニケーションが少しずつできるようになった。いつものオウム返しではなく、返事が返ってきたあの瞬間のことを私は今でも忘れない。Bと会話ができるようになるなんて…『奇跡が起きた！』と心の中で叫んだ。その変化にいち早く気づいた木村先生は、「とうとうやりましたね！」と喜びを分かち合ってくれた。

2　就学に関しての出来事

年長になり、Bの「就学」について迷い始めた。集団生活の中での気持ちや行動の切りかえの難しいBには「通常学級」はハードルが高いと思った。Bが安心して過ごせる居場所は、「特別支援学級」か「特別支援学校」か…。園の先生に相談したり学習会で情報を得たりしたが、結局どうするかを決めるのかは保護者だった。

①　学校見学

頭の中であれこれ悩んでいても仕方がないと思い、学区の小学校に連絡をして特別支援学級を見学させてもらうことにした。

特別支援学級の担任のN先生は今年度着任したばかりと聞いていた。それならば来年度もいてくれる先生に違いない。クラスはBを含めて三人、簡単なデザートを作る「生活単元」という授業を体験させてもらった。N先生の指導はとても分かりやすく、Bが他のお友達と楽しそうに参加しているのを見た私は、ここだったらBが安心して学校生活を送れると思い、「特別支援学級」にBをお願いしようと決めた。

見通しがもてないことに不安が強いBに空っぽの新しいランドセルを背負わせて、私は登校の練習を始めた。「春になったら、登校班のお友達と一緒にこの道を歩くんだよ」と声かけしながら、Bが通学路に慣れるように何回も歩いた。

②　就学時健康診断

秋になり、「就学時健診」が近づいてきた。Aの時に就学時健診を経験していたので、健診に備えて聴診器を買った。内科健診の練習をするために。視力検査では「右」や「左」と言ったり、指で方向を指し示したりするのはBにはまだ難しいと思ったので、厚紙で大きめの「ランドルト環」を作り、見えたCと同じ向きにして伝える練習をさせた。あれこれ想定して準備しても、初めてのことが苦手なBが無事健診を受けられるか心配になった私は、小学校に電話をかけた。

「来年度、特別支援学級でお世話になるBの保護者です。就学時健診について、子どもに見通しをもたせてから健診を受けたいので、できれば当日の資料をください。学校へ伺いますので……」

と言うと、教頭先生が、

「当日、私も受付におりますので、その時に聞いてください」

と言われた。もう少し食い下がって聞きたかったが、忙しそうな雰囲気を察知した私は、「分かりました、では当日よろしくお願いします……」

と電話を切ってしまった。後で、『この時に、もっと食い下がっていれば…』と後悔することになるとは思いもせずに…。

就学時健診の日、待つのが苦手なBに配慮して、30分ほど前から受付の前に並んだ。並んでいる間は、Bの好きな絵本など持参して何とかしのいだ。いよいよ受付が始まり、私は教頭先生の姿を確認した。こちらに気づいてくれた。ほっとした。先生がついてくださるのだから大丈夫。そう思った時だった。

「うわ〜〜！　はなして！」

Ｂの叫び声がした。Ｂの手を繋ごうとして振り払われた健診の引率係の六年生の子が驚いた顔をしている。「ほら、一緒に行こう」とまたＢの手を繋ごうと試みるが、何故知らない人に手を握られるのか分からないＢは、再び叫んで拒絶した。六年生の子がどうしたらいいか分からず困惑しているのを見て、私は、

「ごめんね、この子、六年生と一緒に行くことを知らなくて、びっくりして怒っちゃったの。優しくしてくれてありがとう…」

と話しかけようとしたが、それを遮ったのは教頭先生の大きな声だった。

「この子はいいから！　さっさと次！」

私は鼓動が速くなった。教頭先生は私に向き直り、冷静な口調で、

「本来なら親御さんは別の場所で待機なのですが、六年生の代わりにお母さんが最後まで付き添ってください」

と、私に今日の健診を受ける場所を書いた校内の地図を手渡した。その地図を見て、私はまた心拍数が上がるのを感じた。Ａの時は体育館を使っての健診だったが、この小学校では一階〜三階の各教室が会場となっていた。Ｂには体育館の健診の話しかしていなかったのだ。あぁ…、準備が間違っていたなんて……。

スタートから興奮してしまったBは、とても健診を受けられる状態ではなくなっていた。教室の前で『今度はぼく、何をされるの？　いやだ！　やめて！』とばかりにパニックになっている。

「B、お母さんがついているから大丈夫だよ。ここでは服を脱ぐんだよ。聴診器（実物を見せながら）でお腹と背中をポンポン、ってするんだよ」

と言いつつ何とか内科が終わっても、また次から次に違ったミッション（困難）が待っている。特に聴力検査では、耳にヘッドフォンを付けられるのを拒み、かなり時間がかかってしまった。そんなBの様子を見かねて、そばにいた先生がBに声をかけてきた。

「ほら！　Bくん、見てごらん。お友達は静かに順番を待っているよ。みんなが頑張っているんだから、君も頑張れ！」

その言葉を聞いて、私は泣き出したい気持ちになった。この先生はどこを見て、何を言っているのだろう…この子だって頑張っているじゃないか。こんなに頑張っているじゃないか。これ以上、この子にどうしろというのだ。私にどうしろというのだ……。

こみ上げる感情を必死にこらえながら、何とか一通りの健診を受け終えた時、私たちの後ろに並んでいる子はほとんどいなかった。

ひどく長い、つらい一日だった。

③ 通常の学級か、特別支援学級か

桜のつぼみが膨らみ始めた頃。「入学にあたっての最終確認がしたいので親御さんだけ学校に来てください」と小学校から電話があった。学校に行くと教頭先生が、

「Bくんの登校や下校についてですが……」

と切り出され、

「登下校時に、あなたのお子さんが衝動的な行動をして周りの子に何かあったら可哀相なので、六年生まで毎日必ず親御さんが送り迎えしてください」

と言われた。

私は教頭先生に言われるまでもなく、Bが慣れるまでは送り迎えするつもりでいた。支援が必要な子の親として、それは当然のことと思っていた。しかし、教頭先生の言っていることはそういうニュアンスではなかった。穏やかな口調の中に何か威圧感を感じる言葉だった。

送り迎えを、六年生まで毎日必ず……？　この子の自立はどうなってしまうのか…。送り迎えをして欲しい理由が、Bの不安感や安全を気遣うものではなく、『周りの子に何かあったら可哀相なので』と言われたことにもショックを受けた。就学時健診での様子を見て、学校はBのことを衝動的で危険な子だと判断したのだろうか。そうだとしたら、本当

に可哀相なのは、まだ入学もしていない小学校の先生に、周りに迷惑をかける、と決めつけられているBの方だ。

就学時健診だってもっと見通しを持たせてもらえたら、もう少し落ち着いてできるはずだったのに……。私は悔しかった。それでも気持ちを切り替え、

「入学式の前日に会場の体育館を見せていただけませんか？　B本人が自分の席を確認しておいた方がみなさんにご迷惑をおかけしないで済むと思うので……」

とお願いして帰宅した。

入学式前日の午後。Bにスーツを着せ、空っぽのランドセルを背負わせて小学校へ向かった。一人の先生が体育館に案内してくれて、並んでいるたくさんのパイプ椅子の中から「Bくんの席はここだよ」と教えてくれた。「ここならお母さんからもよく見えるし、何かあっても、さっと出られますので……いかかでしょう?」。学校側の配慮を感じ、ありがたかった。私はお礼を言って「お願いします」と承諾した。

Bはしばらくの間、自分の席に座っていた。体育館の景色を眺めながら……。

3　ピカピカの一年生

入学式当日。前日下見に来た効果があってか、Bはとても落ち着いて参加できた。けれど、担任のはずのN先生の姿がどこにもなかった。そういえば、昨日も見かけなかった。ど

うされたんだろう…と思っていると、特別支援学級の担任はP先生だと発表があり、私は困惑した。N先生にお任せできるとばかり思っていたのに…。N先生はたった一年で異動になってしまったようだった。

担任のP先生は大学を卒業したての先生だった。様子を見ていると、P先生は後ろから「Bくん、Bくん!」としきりに声をかけ、「無視しないで…」と呟いていた。

私は先生に、

「すみません、こちらに来ていただけますか」

と声をかけ、Bの目の前に来てもらった。

「後ろから呼んでも自分が呼ばれたと気づけないんです。こうして本人の前に来て、肩を叩いて、きちんと目を見て話しかけてください」

とお願いした。子どもたちと一生懸命に関わろうとしてもうまくいかず、P先生自身が戸惑っている様子がうかがえた。そんな状況を見て、私を含め特別支援学級の保護者達は、「P先生一人にいきなり特別支援学級の担任を任せるのではなく、もう一人先生をつけてください」

と学校にお願いをしに行った。

少しすると特別支援学級にもう一人の先生、カヨ先生が来てくださった。私たち保護者は学校の迅速な対応に感謝した。

Ｐ先生とカヨ先生は、支援学級の子どもたちを丁寧にみてくれた。パソコンが得意なＰ先生は学級だよりに写真もたくさん載せて、学校での様子を保護者に伝えてくれた。連絡帳での情報交換も毎日した。Ｂは褒めるのが上手なカヨ先生に作文の指導をしてもらい、ハナマルをたくさんもらって帰ってきた。先生方の指導のお陰で、Ｂは国語も算数も得意になり、授業中に席を離れることもなく、とても落ち着いて過ごせていた。

一方でだんだん特別支援学級の授業内容では物足りなそうな感じになってきた。私はＢの様子を見て交流学級での授業参加（交流学習）をお願いすることにした。交流学習に参加できれば、学習内容の習得だけでなく、交流学級内でのコミュニケーションも学べる。学校側は初め難色を示したが、あきらめず何度もお願いをして、週に一度だけ通常学級で国語と算数を勉強させてもらえることになった。私も家で国語の音読や算数ドリルなどに付き添い、勉強に目覚めたＢを応援した。

一年生の一年間で、Ｂの学力や探求心はどんどん伸びていき、ＩＱも上がり、二年生になる前に療育手帳の対象から外れた。私は夫と「四年生までにＢが通常学級へ移れたらいいね…」と話し合った。それはその時点では夢物語だった。でも、療育手帳を持たなくなった以上、義務教育が終わった後の進路を考えると、通常学級へ移籍して、多くの仲間達の中で様々な体験をし、社会性を磨きながら小学校生活を過ごして欲しいと願う気持ちが強くなっていた。

しかし、勉強が好きになって知的に伸びたからといって、本人の特性が無くなるわけではない。それでも、Bをみんなと一緒に勉強させてあげたい。みんなにも「同じ学校の同じ学年にBという仲間がいる」ことを知って欲しかった。

4　転籍

私はどういう条件がそろったらBが支援学級から通常学級に移れるかと、メールで齋藤先生に相談していた。先生からは「それはですね……全ての教科で交流学級に行って、これなら大丈夫、という実績を作ることです。でも本人の特性のこともあるから、そう簡単ではありませんよ。まずは本人のニーズや気持ちをしっかり見極めて…」と言われて、『本当に、気の遠くなるような道のりだな…』と思った。

教頭先生には、いずれ通常学級へ転籍したいとの希望を伝えた。しかし、学校側の返答は芳しくなかった。

「無理ですよ、お母さん……」

この言葉を今までに何度聞いただろう。私はだんだん意地になってきた。このまま小学校生活を終わらせたくない。私の学校への送り迎えも近いうちに卒業してみせる。とにかく「実績」を作って認めてもらおう。それしかないのだ、と。

二年生までは、交流学習の科目は算数と国語だけ、授業数も週に二回ずつで、ほとんど進展はなかった。私は「このままではいけない…」と思い悩んでいた。Bが三年生になると、Aが小学生の時にお世話になったR先生が交流学級の担任となった。私はR先生に相談してみることにした。

「来年度を目指して通常学級に移れるように、先生、どうか力を貸してください。交流学習をもっと増やしてもらえませんか。国語と算数だけではなく、他の教科も入れてもらえたらありがたいのですが……」

私がそう言うと、R先生は私の熱意を感じてか、快諾してくださった。その後、教務の先生や支援学級・交流学級の各担任の先生、特別支援コーディネーターの先生が揃って、Bの転籍に向けての話合いが持たれ、交流学級での授業数が順調に増えていった。

転籍への準備は順調のように思えた。が、そんなある日、

「ぼくは支援学級で息つぎをしないとつらいんだ……」

とBが涙目で私に訴えてきた。『そうだ、焦ってはいけない』と思い直し、少し交流学級に入るペースを落としてもらった。

常に先生方と相談を重ねながら、スモールステップで転籍を目指した。そして三年生三学期の半ばには、ようやくBは丸一日、全授業を受けながら通常学級で過ごせるようになった。以前は、遠いと思っていた道のりを完走できたのだ。

四年生からの通常学級への転籍が正式に決定した日、齋藤先生に喜びの報告をした。

5　通常学級での出来事

Ｂの転籍後、学校生活には様々な成果や課題があった。ここでは主な出来事を、二つお話ししたい。

ひとつは、「優しくされて当たり前？」という課題である。

通常学級に転籍し、周りのお友達が「Ｂくんはこの前まで特別支援学級だったから、優しくしてあげよう」「譲ってあげよう」としてくれたこと自体はありがたいことではあったが、担任の先生がそのことで困っていた。

「どうやらＢくんは『ぼくは支援学級だったんだから、みんなに優しくしてもらって、譲ってもらって、当たり前』と思っている様なんです……」

私はそれを聞いて、それはいけない、と思った。そして家でも、そのことについてＢと話し合った。

私は、昔、Ｂの保育園のお友達が私に訴えたことを思い出した。

「Ｂくんのお母さん。なんでぼく、いつも我慢しなきゃいけないの？　ぼくだって、あの黄色いボールで遊びたいのに……」

「〇〇くん、いつもがまんしてＢに譲ってくれてたんだね。ごめんね。ありがとう。これからは、どうしても遊びたかったらＢに譲らなくていいんだよ。〇〇くんがつらくなったら、うれしくないもの…たまにはBに譲ってもらわないとね」

あれから月日が経ち、体も心も大きくなったB。障害児保育や特別支援学級を経て通常学級の一員となった今、今までお友達に譲ってもらったり、優しくしてもらった分、自分もお友達に優しくできるよう成長することを課題とした。

もうひとつは、転籍して本当によかった…と感じた出来事だった。

Bは協調運動が苦手で、体の使い方や動かし方、力の加減が分からず、体育や図工、音楽のリコーダーに苦戦していたが、ある日帰宅すると、弾んだ明るい声で言った。

「お母さん、聞いて！　今日ね、体育でね、初めて前回りが出来たんだよ！　すごいでしょ！」

「前回りって…鉄棒の？」

「そうだよ！　生まれて初めてできたんだよ！」

私はBが今まで鉄棒の前回りさえ出来なかったということを改めて知り、正直驚いてしまった。でも、Bは得意げな笑顔を見て、私もすっかり嬉しくなった。

「前回りできたこと、先生もよろこんでくれたの？」

「うん！」

「周りのお友達もよろこんでくれたの？」

「うん！　拍手してくれた！」それを聞いて、その場面を想像した私は胸が熱くなった。

Bは今までずっと鉄棒で回ることが怖かったのだろう。それでも勇気を出して挑戦して、やっと今日の日を迎えたのだろう。先生やみんなは、そんなBのがんばりを認めてくれたからこそ一緒に喜んでくれたのだろう。やはり周りの仲間たちの存在は大きい。通常学級のみんなが応援してくれたことを本当にうれしく思った。この出来事のおかげか、このことをきっかけに、Bはお友達の成功も自分のことのように喜ぶことができるようになった。

「お願い、『お母さん』と呼んで」と涙した日には、こんなふうにBが成長していくとは思いもしなかった。我が子が発達障害という特性を抱えていても、通常学級でも支援を受けながらやっていけるんだ！　という明るい気持ちになった。そしてその思いが、私を新たなステージへと導いていった。

6　合理的配慮

Bは特別支援学級から、通常学級に転籍したので、校内の通級指導教室にも通い始めた。通級の渡辺先生は、ソーシャルスキルトレーニングやビジョントレーニングなどを通して、Bが通常学級に馴染めるように支援してくださった。

その渡辺先生が、「聴覚の過敏をやわらげるためにこんなモノがあるのですが、Bさんにいかがでしょう」と資料を渡してくれた。それはイヤフォン型のデジタルの耳栓だった。「実は、既に試しにBさんつけてもらい、つけたまま音楽の授業も受けました。聴覚過敏の人がこのようなモノを使うのは、近視の人が眼鏡をかけるのと一緒だと思います。よければ、学校でも安心して使えるように、先生方や子どもたちへもお伝えします」

四月当初、Bが玄関で泣きながら「教室がうるさい」と訴えていたのは、聴覚過敏による「周りの音や声がうるさ過ぎる」ことへのつらさだった。Bは、同じ教室の隅の方でする音や声も、耳元で聞こえるのだと言っていた。少人数学級から大勢の通常学級になって、いろんな音や声にさらされるようになり、相当なストレスを感じていたのだろう。

Bにとって将来的に自分の耳栓があった方が安心だと思い、購入を決めた。私も興味津々でデジタルの耳栓を試してみた。すると、何も音がしていないと思っていた部屋は、実は音だらけだったことに気づいた。換気扇の音、エアコンの音、空気清浄機の音、外の車の音…。私には意識しないと聞こえないような音も、Bにはずっと聞こえていたに違いない。

また通常学級に移った後も、水泳の授業だけは特別支援学級で授業を受けていた。Bは水に恐怖感があり、通常学級の子どもたちとの差も大きく、水泳への不安感が大きかったための「配慮（工夫）」だった。学校側の配慮に感謝したい。

特定の科目でいくら本人が頑張ってもできなくて、しんどい思いをしている子は誰でも、その子の「安心感」に繋がるような「配慮（工夫）」をしてもらえたなら、きっと学校生活がもっと楽しく前向きに過ごせるのではないか。そのためには、保護者と学校が子どものために連携する必要性を強く感じた。

＊Bの就学に関しては様々な課題があった。ここでは、河西の経験をふまえて学校が行うことが望ましい対応について解説を加えておきたい。

三　子どもの安心や可能性を高める学校の対応とは

1　発達障害の児童が入学してくる時の学校の対応について

筆者は、河西が保護者として学校とのやり取りで苦労したり悩んだりしていることを相談され、心を痛めていた。発達に課題を感じる子どもの指導・支援を進めていくためには、学校と保護者の連携がより一層求められるにも関わらず、両者の思いがズレてしまうことがある。『親の会』で聞かれた保護者の声は、どれも学校（担任）との話し合いが不十分で信頼関係が築けていないことを示している。このような課題解決に向け、まず児童の入学時の対応について、次の点を配慮しておきたい。

①　就学時健康診断

発達障害の子どもは、見通しをもちにくい初めての場所や出来事に大きな不安がある。そうした意味から就学時健康診断は、小学校への入学を控えた子どもたちにとって最初の難関である。だから保護者が事前に学校に連絡をしてきたタイミングを逃してはいけない。現に河西は、当日のスケジュールを確認するために事前に学校に連絡を入れている。しかし……である。結果的にBさんと保護者にとっては、「長くつらい一日」になってしまった。

では、どうすればよかったのだろう。それは学校側の担当者間における情報共有の在り方を改善すべきだと考える。もしも、事前に教頭先生からBさんの対応について職員に周知され、児童への指導が徹底していれば、いきなり六年生の児童に手を差し出されてBさんは困惑しないで済んだだろう。また、Bさんの抑えきれない感情がパニックのような形で表現されているにも関わらず、「ほら！　Bくん、見てごらん。お友達は静かに順番を待っているよ。みんなが頑張っているんだから、君も頑張れ！」と言った先生。きっとこの先生は、Bさんの特性について何も知らずに励ますつもりで言ったのだろうが、保護者もBさんも不用意なその言葉にどれだけ傷ついたことか…を考えると胸が痛む。

二度とこんな悲しい思いを誰もしなくて済むように、学校は就学時健診の実施前に就学予定児童の情報を共有し、保護者との話合いを通して見通しのある対応ができるように準備をしなければならない。このような対応は、「合理的配慮」といえるだろう。

保護者から連絡があったら、学校は以下のような対応を検討することが望ましい。Bさんの例のように「当日になってから……」ではなく、事前の打ち合わせや準備が重要なのである。

★就学時健康診断当日までに、子どもを連れて一度登校し、学校見学や教育相談を行うよう保護者に要請する。
★多くの人を見て驚かないように、就学時健康診断当日の受付時間を他の参加者とずらす（受付時刻より早めに来校するか最後の方にするかを事前に相談しておく）。
★連絡のあった児童に個別対応できる教員を事前に決め、保護者に連絡しておく（児童に補助をさせている場合は児童対応を回避できるようにしておく）。
★保護者が一緒にいた方が安心するなら、可能な限り保護者同伴で回る。校医への連絡も必要に応じて行っておくと安心である。
★就学時健康診断の打ち合わせや職員会議等の中で全職員に配慮の必要な児童の情報や対応について共有しておく。
★児童が上手に受診できたら、褒めて家に帰す（健診を終わりにする）ことも忘れないようにする。

このようにして、子どもにとって「初めての学校体験」に悪い印象を残さないように配慮し、笑顔で終わることができれば、四月からの学校生活に繋がるに違いない。

②　入学式

入学式の前日に式のリハーサルを行うことが望ましい。リハーサルが難しい場合は、会場設営が終わったら、会場を見せておくだけでもいいだろう。河西のように自分から頼んでくる保護者もいるが、学校側から事前の会場見学を勧める声かけを行っておくとよい。当日は入学式が長時間にわたることもあるので、必要に応じて児童が安心できるように保護者が児童席の近くに座ることも相談しておく。

③ 登下校

児童の実態により、とりあえず入学時に六年間送迎を依頼するケースもあるが、子どもの成長に応じて状況が変化するので、その都度、学校と保護者でよく相談して欲しい。登下校の自立は重要な学習事項のひとつであるので、個別教育計画立案の際の課題とし、スモールステップで目標に到達できるように、学校と保護者が協働することが望ましい。

2 交流学習

① 交流学習の目的

交流学習の目的をどう捉えるかは、児童の実態によって異なるので一概には言えないが、『小学校学習指導要領』(25頁～)には、次のような記載がある。

■小学校学習指導要領（平成29年3月告示）第1章 総則 第5 学校運営上の留意事項
2 家庭や地域社会との連携及び協働と学校間の連携
　教育課程の編成及び実施に当たっては、次の事項に配慮するものとする。
ア　省略
イ　他の小学校や、幼稚園、認定こども園、保育所、中学校、高等学校、特別支援学校などとの間の連携や交流を図るとともに、障害のある幼児児童生徒との交流及び共同学習の機会を設け、共に尊重し合いながら協働して生活していく態度を育むようにすること。

更に、平成31年3月に文部科学省から発出された『交流及び共同学習ガイド』（1頁）には、次のように記載されている（一部抜粋）。

…障害のある子供と障害のない子供、あるいは地域の障害のある人とが触れ合い、共に活動する交流及び共同学習は、障害 のある子供にとっても、障害のない子供にとっても、経験を深め、社会性を養い、豊かな人間性を育むとともに、お互いを尊重し合う大切さを学ぶ機会となるなど、大きな意義を有するものです。
　また、このような交流及び共同学習は、学校卒業後においても、障害のある子供にとっては、様々な人々と共に助け合って生きていく力となり、積極的な社会参加につながるとともに、障害のない子供にとっては、障害のある人に自然に言葉をかけて手助けをしたり、積極的に支援を行ったりする行動や、人々の多様な在り方を理解し、障害のある人と共に支え合う意識の醸成につながると考えます。

ひと言で言えば、交流学習とは、障害のある子どもにとっても障害のない子どもにとっても共に、尊重し合い協働的に生活していくために重要な学習である。「交流させてあげている」のではなく、双方向性の学習活動なのだ。ならば、河西が交流を増やすために「交流級の先生にお願い」しなければならないというのは、いかがなものであろうか。交流学習については、特別支援学級の担任が保護者と相談しながら、児童本人の意思を確認した上で学校として実施していく、というのが正論だろう。「お願い」しなければ交流学習に参加できないというわけではない。

筆者も特別支援学級の担任の時に、交流学習の難しさを痛感した。保護者は交流学習を多くすることを望む傾向にあったが、本人（児童）に交流学習に参加できるだけの力（学力やコミュニケーション力）がないと、つらいものになってしまう。

交流学習は、第一に子どもの実態を考えながら、無理なく段階を追って計画的に交流を進めていくと同時に、交流学級の子どもたちへの指導が鍵になる。そのことを次に述べる。

②　交流学級の子どもたちへの指導

以前勤めていた学校で、Mさんの保護者からこういう相談を受けたことがあった。

「うちの子は優しい子なので、前の担任の先生から○○さんのお世話係を頼まれていましたが、本人にとっては結構な負担になっています……」
○○さんは特別支援学級の児童で、Mさんのいるクラスに交流にきていた。確かに○○さんはMさんを頼りにしている様子が見られ、Mさんが交流に来る○○さんを支えていたことは事実だった。
①で書いた交流学習の目的から考えると、Mさんは○○さんと関わることで多くを学んでいると考えられるが、保護者にとっては「負担になる」という言い方になっていた。そこで筆者は子どもたちに、

- **○○さんとの交流では、自分にできることを考えて行動することを学習すること**
- **決して無理はしないこと（できないことを無理してしようとしない）**
- **「やってあげている」のではなく、「自分の勉強として」交流からの学びを得ること**

という指導をした。特別支援学級の担任が交流に行く児童を指導するように、交流学級の担任も学級の児童に適切な指導を行わないと、思わぬところに課題が見つかることがあるので、お互いの学びが深まり交流学習の目的が達成されるようにしっかり指導したい。

Bの保育園では、周りの子どもたちがBのことを理解し、「黄色いおもちゃ箱」を活用できていた。このことは、担任の指導の賜物であると思う。

3 転籍

発達に課題を感じる児童が就学する際に、「通常の学級」を選ぶか「特別支援学級」を選ぶかは、重要な選択である。入学時には個々の児童の実態を考慮し、無理のない選択をして欲しい（重要なのは親の思いではなく、子どもの側に立った見通しである）。最近は、児童がより安心して学ぶことができる環境を重視し、特別支援学級を選択するケースが増えているが、学年が上がるにつれ児童の状態が落ち着き、通常の学級に転籍する児童も出てきている。しかし、転籍は決して容易ではない。

Bさんの場合は、学習内容の定着を目標に交流学習を増やしていったが、交流学習での課題は、学習内容の定着以上に、多人数で授業を受けるということにあった。やはり環境の変化を児童本人が受容できないと転籍は厳しいものになってしまう。筆者の経験したケースでも一年くらいかけて、徐々に交流級での授業を増やしていき、転籍に成功した児童がいた。転籍は大人（保護者）が考える以上に子どもにとって大きな課題になるので、慎重に進めなければならない。

＊河西は一保護者としての経験を活かし、更なるステージへと進んでいった。そして、それまでとは違う立場で発達に課題のある児童への支援を行うようになった。

四　保護者から支援員へ（河西）

1　新たな挑戦

ある朝、「支援員（正式名は特別支援教育支援員：以下省略して「支援員」と表記する）募集」の記事が目に留まった。「小・中学校の通常学級で、困っている子どもの支援」をする仕事だった。

先生の指示が入らない、気持ちや行動の切り替えがきかない、学習やお友達との関わりに困難を抱えている等…自分は母親として「困っている我が子」と関わってきたが、学校での実際の様子は先生の話から聞くだけのことが多かった。この仕事は実際に教室に入って、困っている子に安心感を与える役割だと思った。やってみたい。きっとAやBのように、いろいろなことでつまずいて困っている子がいるんだろうな……。

ずっとBにかかりきりで外での仕事なんてできそうもないと諦めていた私は、Bも通常学級へ移って頑張り始めたのだから、私も困っている子どもたちを支援するため外へ出て頑張ってみようと考え、思い切って応募することにした。そして、今までAとBに親として関わってきた経験を生かしてがんばろうと思った。

2　実際の学校現場で

採用試験を経て、ある小学校へ配属が決まった。

学校に入ってみると先生方の仕事の様子がよく分かった。先生たちは、想像以上にとても忙しかった。教科指導の他、生徒指導、教材研究や授業の準備、隙間時間に連絡帳を書き家庭と連絡をとり、学級以外の子どもたちともクラブや委員会活動、生徒会活動、部活動などを通して関わる他、事務的な仕事も数多くあった。そんな先生方の姿を見て、私はこんなに多忙な先生方に我が子の支援を幾度もお願いしてきたのかと思った。頭の下がる思いがした。そんな先生方のお力になりたい。恩返しがしたい…と心から思った。

しかし、支援員を始めたばかりの頃はうまくいかないことの方が多かった。自分の経験不足はさることながら、勤務時間が短いため、忙しい担任の先生との「連携」が難しく、相談する時間を確保するのは困難だった。私は困っている子どもたちのことをよく理解できないまま教室へ入るため、担任の先生と息の合った支援はできなかった。

そこで、私は「付箋」を活用し始めた。子どもの様子で気づいたこと、報告したいこと、相談したいことを付箋に書いて、伝えたい先生の机の上に貼ってから退勤するようにした。

すると、私に返信の付箋が届いたり、先生の方から声をかけてくれたりすることが増え、徐々に連携不足を補っていけるようになった。

経験を重ねるにつれ、適切な支援をするためには、その子をよく「観察」すること、時にはじっと「待つ」こと、「自分の力で」できるように支援すること、を常に心がけなくてはならないと学んだ。

まず、その子が何に興味を持ち、何が苦手なのかを観察した。休み時間にその子が好きなこと・得意なことについて話をし、褒めたり共感したりしながら信頼関係を作っていった。その子が嫌がることはしないようにし、周りの子にも苦手なことがあることへの理解を求めた。困っている時に声をかけて拒絶されたら、そっと距離を置いて待った。「できない…」と困っている時は、そっと励ましながら「ここまではがんばろう！」とスモールステップで指導した。

目の前に困っている子どもがいる。一生懸命に子どもたちと向き合う先生がいる。自分が支援員として支援することによって、泣いたり怒ったりしている子の笑顔が見られる喜びは大きい。「全ての子どもにとって、学校は楽しいところ、安心して過ごせるところ」であって欲しい。そう強く願いつつ、これからもこの仕事と向き合っていきたい。

＊教師一人の力では難しいことも、学校というチーム（組織）を活用することで可能になることもある。特別支援教育の実践も個人プレーではなくチームプレーが望まれる時代になっている。

五　学校の支援体制とチーム学校

1　校内支援体制の構築と活用

学級担任が一人で30人以上の子どもたちを担任し、一人ひとりに合わせた教育活動を行うことは至難の業である。教室に発達に課題を感じる子どもがいても、なかなかその子どもに手が回らない、ということが現実的な問題として叫ばれて久しい。かくいう筆者も、この問題をずっと抱えて学校現場に立ち続けてきた一人である。

２００７年に特別支援教育が発足し、「校内支援体制の確立」が各学校への宿題として出された時、盛んに言われた言葉が「担任が一人で抱えない」という言葉であった。「学級担任が一人で問題を抱えない」ということは、「担任の負担を過重にしない」という意味である以上に、児童理解や支援の視点に立った重要な視点である。それは児童を多面的・多角的に見とるというねらいのもとに、「複数の目で見る」ことを大切にするという考え方に立脚している。特別支援教育の推進は、そうした意味から言えば、学校の組織改革のひとつであった。学級担任の個人的な思いではなく、様々な教員が一人の子どもに関わりながら、情報を共有し、同じ目線で組織的に指導に当たるという特別支援教育の鉄則は、従来型の学級担任制に新しい息吹を吹き込んだと言える。

筆者は、特別支援教育発足当時、特別支援教育コーディネーターとして特別支援教育の実施に向けて以下のような準備を進めた。

①　**校内委員会の設置**…校内委員会の目的、構成メンバー、会議のもちかた等の調整や検討

②　**特別支援教育の対象になる児童のスクリーニング**…気になる児童はたくさんいるが、「特別支援教育の対象か否か」をどのようにスクリーニングするのかの検討

③　**保護者への啓発**…学校だより等を利用して「特別支援教育の開始」について周知し、周囲の理解を得たり相談を受けるシステム作り

④　**個別指導計画や個別の教育支援計画の作成**…特別支援教育の対象になる児童の教育や支援の計画をどのように作成し、どのように実践していくのかの検討

⑤　**特別支援教室の設置と運用**…教室を出てしまう児童の居場所づくり、安心して個別学習ができる場所の確保や管理・運用についての検討

これらの取り組みの中で、特に課題となった「特別支援教育の対象になる児童のスクリーニング」（次項）と「特別支援教室の設置と運用」（コラム７）について、次に述べる。

★ コラム7　特別支援教室の設置と活用

特別支援教育コーディネーター研修で「発達障害児童にとって教室は最悪の環境」という話を聞いた。確かに教室には多くの刺激があふれ、にぎやかであることを考えると発達障害の児童にとっては、教室こそ「落ち着かない場所」であるに違いない。現に、教室から出てしまう児童の多くは、保健室や空き教室・校庭など静かな場所に移動していることが多い。

この点から考えると、特別支援教室の設置はとても有効だ。筆者はこうした教室がまだ珍しい時代に、余剰教室の一室をカーテンで半分に仕切り、前半分は児童机と椅子を置いた個別学習教室、後ろ半分はマットや畳を敷いたクールダウンできたり、くつろげるスペースを作った。休み時間はゲームなどで遊べるように、いくつかのゲームも用意した。ねらいはゲームをしながら、児童の話を聞いたりフラストレーションを解消したりしてもらうことだった。「頭にくるとどうしても体（手）が動いて止められなくなる」という暴力がちの児童がこの部屋にやって来て、静かに過ごしているうちに表情が柔らかくなっていくのを見て、「環境整備」の重要性を実感した。

特別支援教育の対象である児童が、教室以外の自分の居場所を見つけたことで、登校しぶりや欠席も減少した。学校は、児童にとって自分の教室だけが居場所ではない。

2　特別支援教育の対象となる子どもとは

「特別支援教育の対象になる児童のスクリーニング」については、課題が多かった。それは、医療機関を受診し、発達障害の診断名もっている児童はともかく、医療に繋がっていない「診断名をもたない児童」をどう捉えるのかという課題について、様々な意見が出たのである。中には困っている児童の様子を見て「自分勝手」とか「わがまま」という言葉で叱責している例もあった。

言うまでもなく、教師は「医師ではない」のだから、児童を勝手に診断することはできない。しかし、診断がなくても、発達に課題のある児童を支援する必要はある。診断がないから「支援しません」は通用しない。前述したように文部科学省の通知には「特別支援教育は障害のある子どもへの教育にとどまらない」ことが記載されている（２０１２年文部科学省通知「特別支援教育の推進について」第2章（2）参照）。

児童精神科医である田中（２０１７）が述べている「発達障害か否かという視点での診察よりも、今この時に出会えた方の生活に辛さや心の痛みがあれば、それがどこから生じたものかに注意し、これまでの生活を振り返り、生活を応援するよう一計を案じ続ける…」（『教育と医学』２０１７ №.７７４ ３頁）という姿勢に筆者は共感する。医療と教育の違いはあるが、子どもに寄り添う心は学校も同じだと思う。学校も「障害があるかないか」を問題にするのではなく、「目の前にいる子どもの課題解決のために自分たちには何ができるのか」を問い続けることを大切にしたい。

特別支援教育は「個のニーズに応じた支援」のためにある。個々の子どものニーズを見極め、どう指導・支援するかを校内委員会で検討し、学校組織や地域・保護者や専門機関を活用した支援体制を通して支援を実行するというPDCAサイクルの取り組みである。この取り組みに欠かせない、地域・保護者や専門機関との連携について、次に述べたい。

3　チーム学校を活用して

２０１５年に中教審答申で「チーム学校」が唱えられてから5年が経つ。答申では、学校は校内の職員だけでなく、地域や保護者を含む様々なリソースを活用して児童の教育活動に当たることが望ましいという方向性が示された。特別支援教育の推進も「チーム学校」の活用にかかっている。ここでは二つの方向から子どもを変える「チーム学校」を活用した特別支援教育の在り方について述べたい。

ひとつは、専門性の高いスクールカウンセラーやスクールソーシャルワーカーとの連携を活用した「チーム学校」の構築である。筆者の経験上、スクールカウンセラーの存在は特別支援教育を進める上で、実に大きな存在だった。児童への適切な指導・支援を考える際の助言はもちろんのこと、保護者支援のキーパーソンとしても活躍してくれた。時には教諭のメンタルサポートとしても力を借りることがあった。スクールカウンセラーが、医療機関との連携を図る必要がある場合にも、繋ぎ役となってくれるので、学校は安心して支援の道筋をデザインすることができる。

もうひとつは、人的な支援を充実させるという点における「チーム学校」の構築である。地域には元教師や子育てを終わった元保護者など多くの人材がいる。教員をめざして勉強中の学生もいるだろう。担任が一人で全ての児童に必要な支援を実行することは無理だと思うので、学習支援員や学校支援ボランティアを活用することを勧めたい。気を付けなくてはならないのは、「ただ人がいればいい」というわけではないということだ。支援員やボランティアの独りよがりな判断や思い付きの行動で児童に関わることは危険である。支援にあたる人とは、次のようなポイントを共有しておきたい。

①支援する児童の情報（こだわりやコミュニケーション力など）を伝え、児童の特性に合った効果的な支援方法を伝えておく

☞守秘義務について確認し、児童を支援するうえで重要な個人情報を共有しておく。

また、児童が必要以上に甘えてきたり慣れあってきたりすることがあっても、毅然として動じないようにお願いしておく。

②児童の得意なことや不得意なことを伝え、できることは一人で行うようにし（手を出

さない）、難しいことだけを支援するように伝えておく。

☞児童の実態を伝え、支援の目的や支援することでめざす目標を明確にしておく。具体的に「何をどう支援するのか」をあらかじめよく打ち合わせておく。

③周りの子どもたちとの関係を注意深く見てもらい、児童の安心を支えるような動きを考えて支援する。

☞周りの子どもたちとのコミュニケーションがうまくいかない時は、本人に助言したり代弁したりして、コミュニケーションが取れるようにする。その上で本人に助言できるとよい。

④児童が興奮したりパニックに陥った時には、近くにいる先生に連絡するように伝える。

☞無理をして力で制することがないようにする。

支援員と担任が話をする時間を確保することは現実的に難しいが、河西が実践したように気づいたことをメモしておき、付箋に書いて渡す方法や情報交換ノートを作成するなど、工夫をして情報共有できるとよい。情報交換ノートは児童の行動記録としても役に立つ。ノートにはその日の児童の様子や出来事を記録するだけでなく、どんな支援をしたら、どんな反応があったか、などの情報も書いておくとよい。また、支援の仕方で迷ったり分からなかったりした時には、ノートを通じて学級担任に指示を仰ぐこともできるだろう。

発達に課題を感じる児童は、全体に出された指示を自分に出された指示として受け取ることが難しい。その為に聞き逃しや聞き違いが多く、一斉授業に遅れて参加しているようなリズムが日常的に見られる。学習支援員やボランティアに、教師の一斉指導をリピートしてもらうと効果的であるし、すぐそばにもう一人の先生がいることで児童に安心を与えることができるので、児童の行動コントロールに繋がることも期待できる。

このように専門職に力を借りたり、地域や保護者の人材を活用したりすることで、発達に課題を感じる子どもたちを取り巻く環境を整備することができれば、子どもは自分のもてる力を発揮できるようになり、きっと今より伸びていくだろう。

特別支援教育コーディネーターは、児童本人や保護者の声に耳を傾け、児童に必要な支援を実行できるような「チーム学校」の構築に向け、調整を図るキーパーソンとして活躍して欲しい。

＊「周りが変われば、子どもは変わる！」の周りとは誰を指すのか？「子どもたちの可能性を伸ばしていくために、今私たちは何をしなくてはならないのか？」について問題提起したい。

六　周りが変われば、子どもは変わる！

1　特性を障害にしないために

特別支援教育士資格認定協会が主催するセミナーで、講師の原仁先生から「特性を障害にしないために」という言葉を聞いた時、「これだ！」と思った。原先生は、「発達障害をまず特性として捉える必要があること」、そして「その特性を障害にしないためにはどのような手立てがあるのか」について、セミナーでお話された。そのお話は、筆者が経験してきたことと繋がりが深く、説得力のあるものであった。例話を基に説明したい。

「ＡＳＤの特性のある二人の子ども甲と乙がいる。元々の特性は甲の方が濃く、乙の特性は薄いと仮定する。甲の周囲には理解のある人が多くいて環境も整えられると、時間経過とともに、甲の特性は薄くなっていく。一方、乙の周囲には理解者が少なく環境も十分整えられていないと、乙の特性は濃くなっていってしまう。このように周りの環境によって二人の特性の濃淡が逆転することがある」（『特別支援教育の理論と実践Ⅰ 概論・アセスメント』77頁 を参考に筆者が作成）

この例話は、発達障害の子どもが、環境に大きく左右されることをストレートに示している。「特性を障害にしない」ためには、周りの人たち（環境）の存在が重要なのである。本書が「周りが変われば、子どもは変わる！」と言っている理由はそこにある。「周り」とは何を指すのか。「よりよい環境に変える」為に私たちにできることは何なのか……。

筆者はひとつの試みとして、大学で次のような授業実践を行った。

《大学での授業実践》

ステップ1：障害イメージマップの作成

授業の最初に自分の中にある「障害」に対するイメージをアトランダムにあげていく「障害イメージマップ」作りを行った。5分間で学生たちは一人平均10個くらいの障害イメージを書き込んだ。回答を分類してまとめると、次のようになる。

＊目に見える障害と目に見えない障害の違いがある（点字、白杖、車いすなど一見して分かる障害と見て分からない障害があることに関する記述）

＊障害に対する周りの人のさまざまな眼差しについて（偏見、差別、いじめに繋がる

恐れなどの課題に対する記述)
＊サポートの必要性について(支援員、ボランティア、環境整備等に関する記述)
＊交流に関する課題について(小学校の頃からの交流学習での思い出や課題を感じたという記述)
＊障害特性への理解について(こだわり、パニック、奇声、学習障害に関する記述)

ステップ2：特別支援教育の捉えを話し合う

次にこれまでの小・中・高等学校の教育活動を振り返って、「特別支援教育についてどのような捉えをしていますか」という質問をした。結果は、ほとんどの学生が「特別支援教育」＝「特別支援学級での教育」という回答だった。「特別支援教育」が開始され、通常の学級にいる発達障害等の個別に配慮を必要とする児童への支援が強調されたにも関わらず、学生たちの意識は「特別支援学級」に集中していたことは特筆すべきであろう。

ステップ3：講義

筆者は学生たちに、授業の中で「障害とは何か」という課題をＩＣＦ(International Classificatoin of Functioning Disability and Health 国際生活機能分類)の考え方を用いて解説した。講義ではプレゼンテーションを通して、ＩＣＦについて次のように話した(次ページの図1は、授業に使用したプレゼンテーションスライドの一部である）。

ＩＣＦは、人の生活機能を心身機能・身体機能、活動、参加の三つの次元で捉え、さらにそれらと健康状態や環境因子及び個人因子が互いに影響し合っていると捉えている。障害を個人の問題としてと捉える「医療モデル」と、社会によって障害が作られるとされる「社会モデル」とが統合されたモデルとして位置づくという考え方がＩＣＦの特徴である。

分かりやすく言えば、人が病気等により障害が発生するとされてきた従来の国際障害分類（ＩＣＩＤＨ）から、医療モデルによる個人的な障害があったとしても、環境が整えば社会的な障壁は解消し、「障害者も障害を意識しない生活ができる」という分類（ＩＣＦ）に変わった。例えば、段差のある道でも、周りの人たちが車いすを持ち上げることができれば、車いすに座っている人も健常の人と同じ行動がとれるという意味において、「障害」を意識せずに生きていくことができる。つまり、歩行に不自由を抱えていること自体は医療モデル的に言えば障害であっても、環境因子によってその障害が軽減されたり解除されたりする可能性を秘めている。このように、人の生活を多面的・総合的な捉え方で見ていこうとするのがＩＣＦの考え方であり、「生きることの全体像」と言われる所以である。

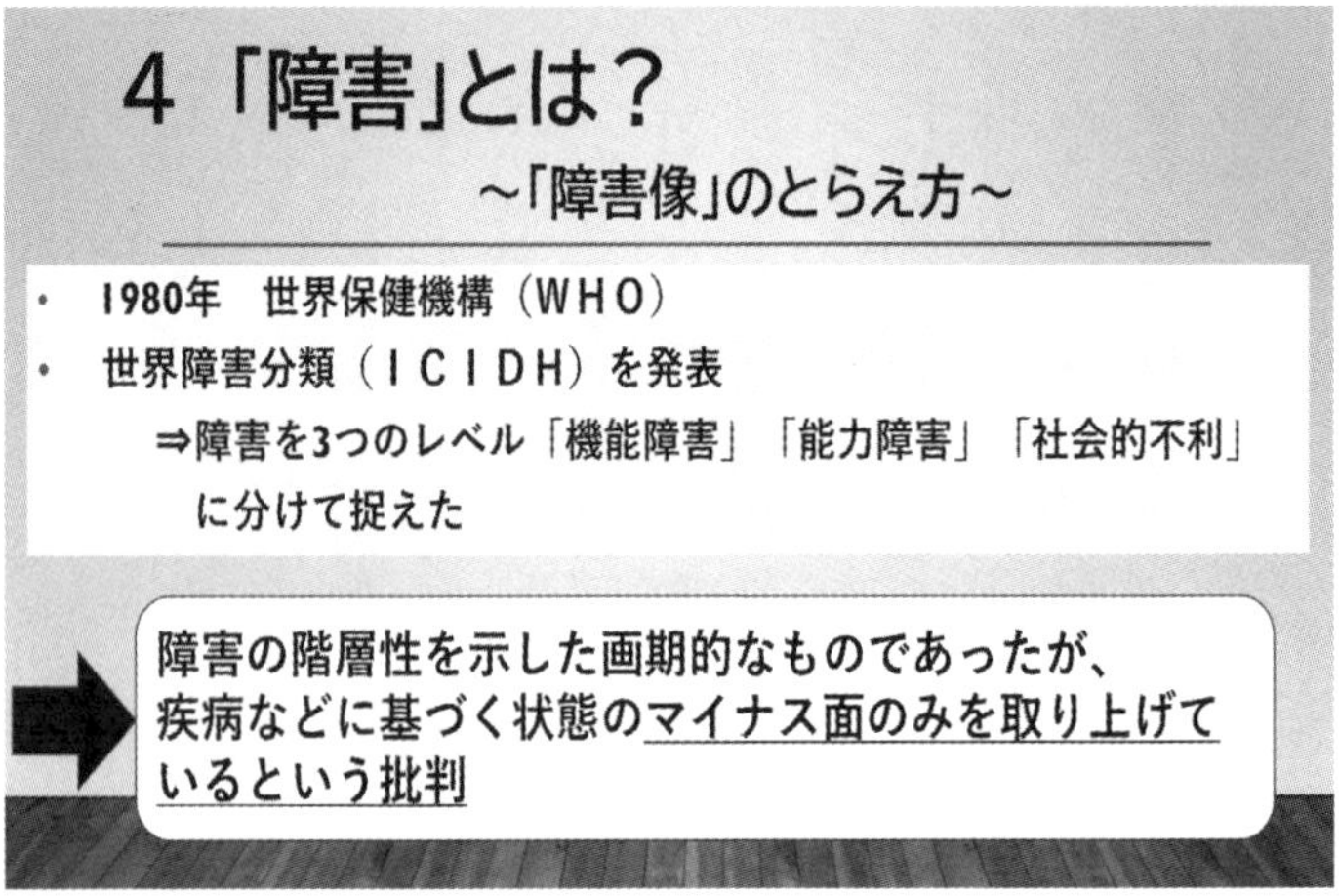
4 「障害」とは？
～「障害像」のとらえ方～
• 1980年　世界保健機構（WHO）
• 世界障害分類（ICIDH）を発表
⇒障害を3つのレベル「機能障害」「能力障害」「社会的不利」
に分けて捉えた
障害の階層性を示した画期的なものであったが、
疾病などに基づく状態のマイナス面のみを取り上げて
いるという批判

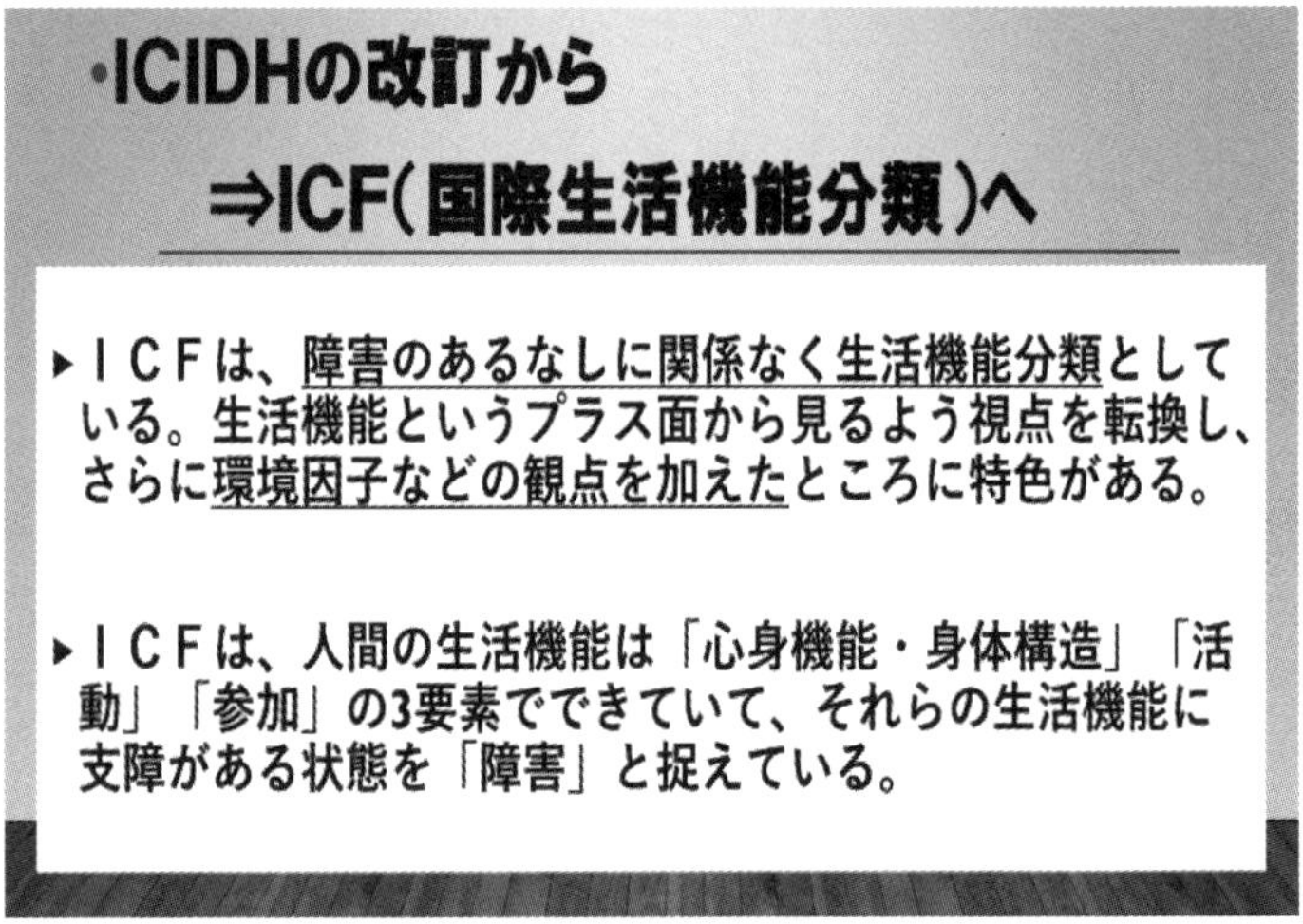
•ICIDHの改訂から
⇒ICF（国際生活機能分類）へ
▸ICFは、障害のあるなしに関係なく生活機能分類としている。生活機能というプラス面から見るよう視点を転換し、さらに環境因子などの観点を加えたところに特色がある。
▸ICFは、人間の生活機能は「心身機能・身体構造」「活動」「参加」の3要素でできていて、それらの生活機能に支障がある状態を「障害」と捉えている。

図1　講義に用いたプレゼンテーションスライドの一部

学生たちはこれまでこうした考え方に触れることがなかったのでとても驚き、「自分がこれまで障害者をつくってきたのか……」という意見すら出た。こう考えると、障害をつくっているのは、確かに周りの環境の問題なのかもしれない、と誰もが気付くのであろう。

ステップ4：フィードバック（授業後の考えの変化）

授業後の学生のコメントを分析したところ、「約8割の学生がこの授業を通して自らの意識に変化があった」と回答していた。学生の書いた代表的なコメントを紹介したい。

＊改めて特別支援教育のことや障害についての授業を受けて、自分が小学生の時は特別支援の子たちを差別していたな……と思った。自分が普通で何も障害がなかったので変わった人を見ると差別してしまっていたと今思うととても情けなく恥ずかしい。みんな特別で平等なのだともう一度自分にいいきかせて今後の生活に生かしていきたい。

＊特別支援教育において、一番大切だと感じたことは周りの環境ですね。周りの環境によって人は大きく変わるからです。「障害をなおす」のではなく、その障害と向き合って生活できる環境が必要だと感じました。

＊障害イメージマップの体験をして、障害という言葉をどう捉えるかによって意味が変わってくると身をもって理解した。マイナスに捉えて収束させるか、プラスに捉えて拡散すると考えるのか、このワークを通して障害という言葉に対する考え方が変わった気がする。

＊環境因子の話から周囲の理解が深まり、障害のある人の「できない」が少しでも減っていけば、それは障害ではなくなることもありうるということを聞いて、確かに普通の人と比べたら不自由な面もあるとは思うけど、障害を持つ人や私たちの考え次第だということにとても共感できました。また、今まで障害を持っている方に対して自分なりに配慮していたのだが、それは表面上だけの配慮であったと気付くことができました。今後は、そういう人々の気持ちになってみて自分に何ができるかを考えてから行動することが大切だと思ったので、心掛けてみようと思いました。

筆者は、学生たちのこのような考え方の変化に、とても興味深いものを感じた。多くの学生たちが自分を振り返って、

●困っている仲間のために、もっとできることがあったのにできなかった。

●困っている仲間の存在に気づかなかったり、気づいても「どうしたらいいか分からない」で過ごしてきてしまったりしてきた。

ということに気付くことができた。このような学生たちの考え方の変化が、少しでもいいから社会を変える力、周りを変える力に繋がっていくことを期待したい。

この授業を通して筆者は、学生たちに限らず世の中全体の人が発達障害について「知らない」ことが多いのではないか、と改めて感じた。社会の人たち全体が「知らない」＝「関わらない」から、「知る」＝「できる行動をする」に変化すれば、「生きにくさ」を抱えている子どもたちは、きっと自らの可能性を伸ばし続けることができるだろう。

「周りが変われば、子どもは変わる！」という本書の題名に込めた「周り」とは、最終的には「子どもを取り巻く社会全体の人たち」を指す。先に述べた原先生の「障害を特性にしない」という言葉の重みを、社会全体の「周り」の人たちが受け止めることができれば、発達に課題を感じる子どもたちはきっと変わるに違いない。

2　家族が変わる

河西の子どもたちは、結果として大きく変容した。Aさんも B さんも立派に成長を遂げた。しかし、それは子どもたちが変わったというだけではない。A さんや B さんを支えた保護者の変容、祖父母を含めた家族全体の変容が基礎になり「子どもたちが変容した」のだろう。その道のりは並大抵のことではなかったはずである。河西は、第三章 一 156 頁〜

で「家庭内でも夫婦や祖父母の間で子どもに対する理解度の差があり、子どもへの支援がうまくいかないこともある中で、『子どもの特性（診断）をすぐには受け入れられない』『どうしていいか分からない』など、日々悩んでいる保護者がたくさんいる」と書いている。

中田洋二郎（2018）は著書の中で、ドローターらの「障害受容の段階的モデル」（Drotar et al. 1975）を紹介している。それによると、障害告知を受けた親は「Ⅰショック Ⅱ否認 Ⅲ悲しみと怒り Ⅳ適応 Ⅴ再起」の5段階を経て障害告知を受容していくという。このモデルは、発達障害のある子どもをもった保護者の障害受容の在り方としても理解されている（中田洋二郎『発達障害のある子と家族の支援』学研2018 15頁）。

また、中田は「我が子の障害を知ったときに保護者が失うのはこのマジョリティーの感覚ではないか」（前掲書21頁）と言う。河西がBの育児で経験した疎外感や孤立感は、このマジョリティーからの脱落と解釈することができる。中田は「あるときからわたしは障害受容を支援の目標にするのではなく、前述のマジョリティーから脱落したために起きる喪失感から保護者が回復するのを目標とするようになった」（前掲書 24頁）と述べている。筆者の経験でも、多くの保護者がこの「マジョリティーからの脱落による喪失感」を感じていたことを鮮明に記憶している。

家族は子どもにとって、最も身近な環境である。だからこそ、家族が子どもにとって好ましい環境であることが望まれる。しかし現実的には、保護者自身がまだ子どもの障害受容ができていなかったり、家族の考え方がバラバラだったりすることも少なくない。子どもが「発達障害」と言われた時に、母親と父親の考えが食い違うことはよくある。それは、「発達障害」そのものに対する理解が十分でなかったり、「障害」という言葉に対する嫌悪感であったりすることに起因していることが多い。つまり、発達障害のある子ども自身の問題というより、「周り」の問題なのである。

河西は様々な壁にぶつかりながらも、自分で勉強し、得た知識を家族で共有し、子どもたちのためによいと思う行動を起こすことで、家族の一体感が芽生えていった。また、第二の家族とも思える『親の会』を立ち上げ、そこでの情報交換や支え合いも糧にしながら進んできた。その努力と行動力が二人の子どもの成長に繋がっていると考えることができるだろう。

子どもは親が自分に何を求めているのか、どうなって欲しいと思っているのかを敏感に感じている。『決して無理な要求をすることなく、子どもが困っている時には、敏感に察して手をさしのべる…』そういう家族になれたら、きっと子どもは生きる勇気と元気をたくさん貯金できるだろう。できないことを「やれ！」と言われたり、やたらと「がんばれ！」と言われたり、無理に背中を押されることで苦しくなってしまうことがないように、家族は子どもを護るセーフティーネットになって欲しい。「どんな時も家族は味方だよ」というメッセージが暗黙の中にも感じることができる家族こそ、子どもの「生きる力」の糧になるのだ。そんな家族に変わることができれば、きっと子どもは今と少し違う自分へとステップアップしていけるのではないだろうか……。

3　学級が変わる

２０１２年に出された中央教育審議会報告「共生社会の形成に向けたインクルーシブ教育システム構築のための特別支援教育の推進（初等中等教育分科会報告）」では、「障害のある子どもも障害のない子どももと共に授業内容が分かり、学習活動に参加している実感や達成感がもてるような基礎的環境整備と合理的配慮を推進していく必要がある」と報告された。この報告の発出から９年。この内容が学級づくりにどれくらい反映されているだろうか。

神奈川県立総合教育センターは、平成31年に『支援を必要とする児童・生徒の教育のために』で、「合理的配慮」の具体例として、

●学習上または生活上の困難を改善、克服するための配慮⬇別室でクールダウンなど
●学習機会や体験の確保⬇学習に興味を持てるような動機づけ
●校内環境のバリアフリー化⬇騒音の軽減など
●発達や障害等の状態及び特性等に応じた指導ができる施設・設備の配慮⬇掲示物の精選

などを学校に示した（前掲書6頁）。

発達に課題を感じる子どもたちは、教室において「みんなが（周りの人たちが）分かってくれない」という思いを抱きがちである。それは自分の思いをうまく伝えることができないもどかしさでもあるが、事実、担任や学級の子どもたちが彼らの特性を理解できていない結果であると考えることができる。もしも、彼らにとって必要な環境が整備されていれば、不必要にこだわったりパニックを起こしたりせずに済むことはいくらでもある。だから、発達に課題を感じる児童にとって学級環境を整えることこそが支援に他ならない（第二章二4エピソード4バケツ紛失事件111頁～を参照）。

ところで、「学級環境の整備」は、発達障害児だけのために必要だというわけではない。決して、学級の子どもたちが発達障害の子どものために「我慢したり、協力したりする」ことを強要しているわけではない。「環境を整える」ということは、どの子にとっても大切な支援になる。ユニバーサルデザインの考え方も、そのひとつであるといえる。

子どもたちは、どの子も同じ重みの命を生きている。「環境を整える」ということは、その命をお互いに尊重し合い支え合っていくことを、より一層深く自覚することなのだ。

そのような方向に、学級が向き、高まっていくためには次のことが大切である。

《学級の環境整備とは》

①　発達に課題を感じる児童が教室にいる・いないに関わらず、常に「一人ひとりを大切にする」学級経営を心掛ける。

☞「人には誰でも得意・不得意がある」ことを当たり前に受け止めることができることを道徳の時間等を使って指導する。

☞学級担任が全ての児童のよいところを認め、それを学級の子どもたちにも共有することで、一人ひとりの児童の存在感を高める。

②　自分と他人との考え方や感じ方の「違い」は当たり前のことであり、その「違い」を素直に認めることができる心を育てる。

☞特別活動の時間を使って「感じ方ゲーム」をやったり、教科学習の中で考え方や感じ方の違いを認識させる機会を多く持たせる。

☞「違っているからおもしろい」という発想をもたせる。「みんながコピーのような同じ人間だったら社会は成り立たない」「自分には理解できない言動や考え方を否定しない」等々、違いを認め高め合うことが学校という場での何より大切な学習だということを理解させる。

③　**全ての子どもの自己有用感や自尊感情を育てる。**

☞自分の思いが満たされていない児童は、愛情に敏感なので「先生は○○さんばかり特別扱いし過ぎ！…」と言って反抗的になることがあるので注意する。

☞授業だけでなく、学校生活の中の全ての活動（係活動や当番活動）を通して、どの子にも「人のためになっている」という経験と自覚を促進させる。

☞自分の存在や活動がクラスみんなの役に立っていることを自覚することで、自分がかけがえのない存在だと認めることができると共に、隣にいる相手も同じようにかけがえのない尊い存在だと気付くことができる子どもを育む。

端的に言えば、発達障害の有無に関わらず、児童相互が尊重し合える学級づくりをめざすことが最優先課題なのである。こう考えると、もはや環境整備は特別支援教育だけの問題ではない。

河村茂雄（２００７）は、特殊教育から特別支援教育への転換期にあって特別支援教育を「特殊なこと」と捉えるのではなく、「通常の教育活動」に位置づけ、特別支援が必要な子どもも含めた全ての子どもたちの学級生活の満足感を高めていけるように、学級経営の進め方やそれを支える校内組織体制・システムの構築を提唱している。つまり、特別支援教育の実践は、健全な学級が基盤にあってこそ、効果的に進められる。

また安彦忠彦（２０１３）は、「著しさ」の低い、発達障害のあると思われる児童生徒に対する指導の在り方について次の５つの原則を提示している。

①障害のあると思われる子どもだけを対象とするのではなく、障害のない子どもを含む「学級全体」（学校全体）を対象に、指導を浸透させる必要がある。障害のある子どもとない子どもが「共生」する生活の仕方を、特に障害のない子どもが身に付けなければならない。

②障害のない子どもたちに、障害については、そのあるなしではなく、障害の程度の違い・大小の問題であることを、しっかりと理解させる必要がある。

③障害の有無にかかわらず、一人ひとりの子どもの個性の違いを大切なものとし、得意なもの・好きなものを伸ばし、周囲がそれを評価して顕彰する必要がある。

④障害があると思われる子どもに対して、その子どもに個別の指導を行うことを例外的なこととするのではなく、どの子どもにも個別の指導を行うという原則を確立し、子どもたち全体にえこひいきのない、平等な扱いが行われることを、学級文化の基本とすることが大切である。

⑤障害があると思われる子どもに対する指導は、むしろ綿密に個々の子どもの障害の種類や状態・程度について調べ、よく理解したうえで個別に工夫して行うべきである。不用意な一般化は避けなければならない。

（一部、省略と変更を加えた）

中央教育審議会の正委員を務めた安彦が、特別支援教育の推進に向かう指導の原則①～④までを、障害のない子どもたちへの指導として具体的に述べていることは注目すべきである。結論として、「特別支援教育の実践は、障害のある子どもたちだけの問題でなく、障害のない子どもたちを巻き込んで行う」と考えることができる。

最後に重ねて確認しておきたい。

「特別支援教育とは、特別の場における特別な教育ではなく、通常の学級において当たり前に行うべきものである」ということ。そして、

「人はみな、考え方や表現の仕方も違っていて当たり前だし、自分に理解できない友だちがいたとしても友だちであることに変わりはない」

「よいことも、よくないことも抱えているのが人間だから、それでいいんだよ。ありのままで……」

「間違えを指摘するより、そっと支援できる行動力があれば、人を幸せにできるし、自分も幸せになれる」

「お互いに安心できる教室を作るために、いつも自分と相手のことを考えていこう」

そんな言葉が行きかう教室だったら、どの子も楽な気持ちで安心して学校に通えるのではないだろうか。

競争や順位にとらわれずに、どんな自分も受け止めてもらえるという安心感をどの子ももてるような学級づくりが、特別支援教育の推進に繋がる。学級が変わっても子どもがすぐに変わるわけではないが、少なくとも一日の大半を教室で過ごしている子どもたちにとって「学級」という環境は、大きな要因であることは間違いない。

学校が障害のある者もない者もお互いを尊重し合って歩み続けることをめざすインクルーシブ教育を実現していく中で、障害のある子どもたちが自分の能力を最大限に発揮し活躍できる日がやってくることを信じてやまない。

終章　あなたに贈るメッセージ

☆保護者から保護者へ
☆元教師から保護者へ
☆保護者から教師へ
☆元教師から教師へ
☆この本を手にしてくださったみなさんへ

終章では、この本を通して伝えたかったことを最後にメッセージの形であなたに届けます。私たちの心が皆様に届きますように！

☆保護者から保護者へ

子どもが『発達障害』と分かった時、どうしたらいいか分かりませんでした。

怒ってばかりの自分、謝ってばかりの自分、周りの目に苦しむ自分、他の子どもたちと比べてしまう自分、不安でいっぱいの自分……。

ただただ「自分」のことばかりで、目の前の「子ども」と向きあえてないことに気づきました。

子どもの障害を受け入れるのは難しいことです。

けれども、その受け入れがたい気持ちこそが、私たちの中にある障害なのかもしれません。

障害は悪いもの？　かわいそうなもの？　認めたら怖いもの？

きっと「知らない」から恐れて、目をそらしてしまいたくなるのでしょう。私自身もそうでした。

どうか「知って」ください。

お子さんのできないこと・足りないこと・困っていること

それだけではなく、
お子さんが好きなもの・好きなこと・どんな顔をして笑うのか…。
私は子どものポケットに毎日石が入っていても、その「こだわり」が愛おしくなりました。この石は「ただの石」ではなく、この子の「宝物」なんだ…と知ってから、『この子は自分の世界で、精いっぱい生きている』ことに気づかされました。
子どもの心の中にある「誰も自分を分かってくれない」という不安をせめて親だけは「分かってあげたい」と思ったのです。

子どもはあなたが大好き。あなたを誰より必要としています。

子どもはあなたに笑顔でいて欲しいのです。あなたに見ていて欲しいのです。

子育てに人一倍手がかかる、工夫がいる、傷つくことも多いけれど、その分子どもの成長を感じた時の「よろこび」も人一倍大きくて、子どもと親子として出会えた「奇跡」がうれしくなる瞬間がきっとあります。

子どもは必ず成長し、いつか大人になります。

「その時」、笑顔でいて欲しい、幸せでいて欲しい……そう願うなら、「今」、子どもの笑顔と幸せのためにできることに目を向けてみてください。

あなたの精いっぱいに寄り添ってくれる人は必ずいます。

だから恐れなくても大丈夫。

子どもの手を取って、胸を張って歩んでいきましょう。

河西　ゆい

☆元教師から保護者へ

毎日の生活の中で、ふと立ち止まり
「本当にこれでいいのかなぁ…」と思うことがありませんか？
それは保護者として当然の悩みであり、誰もが通る子育ての道です。
ただお子さんに発達障害があるなら、その障害を「少しでも軽くする支援」について考え、実行して欲しくて、この本を書きました。

発達障害があってもなくても、お子さんの価値は全く変わらないし、むしろ障害を乗り越えて歩み続ける偉大な人生になることを誇りに思っていいと思います。

私が出会った多くの保護者たちは、皆自分にできる最大限のことをして、子育てをしながら自分育てをしていました。

私はそういう保護者の方々から多くを学びました。当時の子どもたちは皆、今では立派な大人になっています。大変な時もあるでしょうが、いつか必ず思い返して懐かしむ時がやってくるでしょう。

心配し過ぎてもよくないですから、ある程度のところまできたら、子ども自身の力を信じて遠くから見守っていくことも必要だということを心に刻んでください。

最も大切なことは、子育ての悩みや課題を「一人で抱えない」ということです。

家族みんなのベクトルを合わせて見守ること。

友人や保護者同士のネットワークを活用して、相談してみること。

学校の先生やスクールカウンセラーやスクールソーシャルワーカーにも相談してみること。相談すれば、きっと今までとは違う道が開かれると思うのです。

子どもは無限の可能性のかたまりです。

その可能性を引き出し伸ばしていくためには、周りの人たちの支援も必要でしょう。とりわけ親は、子の将来を見据え、導く力をもっています。

どうか、子どもを信じて支援を続けてください。お子さんは、保護者であるあなたのためにも、頑張ろうとしているのです。

毎日たくさん、お子さんを褒めて育ててください。

それから、自分のことも褒めることを忘れずにお過ごしください。

こんなにがんばっているあなたのことを、きっと誰かがどこかで見ています。

これからも自分を大切にしつつ、お子さんの成長を支えてください。

陰ながらずっと応援しています。

がんばり過ぎずに、がんばってください。

齋藤　澄子

☆保護者から教師へ

うちの子は、先生の指示がうまく聞けません。

友達ともよくぶつかってしまいます。

衝動が抑えられなかったり、やり始めたことを途中でやめられなかったり、気持ちの切り替えが苦手だったり、見通しが持てなくて不安だったりして、
結果的に先生を困らせたり、怒らせたりすることも少なくないのでしょう。

保護者は、そんな先生の苦悩をどれだけ分かっているのでしょう。

「先生は精一杯、やってくださっている」と分かっていても、我が子への対応に不信感を抱くこともあります。

先生方も私たちも、目の前の子どもを大事に思う気持ちは変わらないのに、信頼関係を築けない時は何か悲しい気持ちになります。

どうすればよいのか…ずっと考えてきました。

「ねぇ、お父さん、お母さん。なんで本当のことなのに言っちゃいけないの？　誰が決めたの？　『人の気持ちを考えなさい』ってどういうこと？」

「ねぇ、先生。ぼくは『わがまま』なの？　つらいから廊下に出ているのに、どうして無理やり教室に戻そうとするの？」

「『早く』しなさい、『さっき』言ったでしょ、『きちんと』片づけなさい、そんなこと『あたり前』でしょ、『自分で考え』なさい……分からないから、できません。できるようになりたいのに。どうしたらいいのか分かるように教えて……」

「困らせよう」としているわけではなく「困っている」子どもの声。そんな声なき子どもの声に、先生と私たち保護者がもっと心を傾けることができれば、子どもは「変わる」のではないでしょうか。

学校でも家でも、もっと楽しくもっと安心して過ごせるようになるのではないでしょうか。

「声なき子どもの声」に気づけるようにしたいのです。
親だけではしんどいし、限界もある。
だから先生と一緒に、心を合わせて子どもと向き合っていきたいのです。

どうか先生方、これからもお力をお貸しください。

河西 ゆい

☆ 元教師から教師へ

毎日大変な思いをされているのではないでしょうか？

朝早くから夜遅くまで仕事をして、心も体もお疲れでしょう。

私自身もずっとそんな教員生活をしてきましたから、とても他人事とは思えません。

やってもやっても仕事が終わらない……今でも時々、そんな夢を見ます。

でも、そんな大変な仕事を30年以上もずっと続けてこれたのは、やっぱり子どもが好きだったことと、教師という仕事のやりがいを感じていたからだと思います。

「うまく指導できたかどうか」と問われれば、胸を張って「YES」という自信はありませんが、「全力投球だった」自信はあります。

ただ、教員になって5年目くらいから、「何でも一生懸命にやればそれでいい」という甘い考えは、子どもには通用しないことを思い知らされました。

教師という仕事は、やはり高い専門性が必要とされる仕事なのです。

特別支援教育が発足して14年になります。最初は「軽度発達障害」という言葉から始まり、「知的には軽度でも決して軽くはない障害」という理由から「発達障害」になり、最近では「発達障害」というひとくくりの言葉を使わない考え方も出始めているようです。ネーミングはともかく、教室には生まれながらに抱える自分の特性を持て余している子どもたちがいます。そういう子どもたちへの指導や支援は、簡単なものではないかもしれません。行き当たりばったりの指導では通用しません。

どうか、勉強してください。たくさん勉強して、子どもたちに向き合える自信を付けてください。それでも、どうすればいいか困った時には、一人で悩まずに校内の先生方やスクールカウンセラーに相談してください。きっといろいろな方法があるはずです。

何より、保護者との連携を大切にしてください。保護者は子どもを育む最も身近なパートナーです。どんな時も保護者との信頼関係を深め、子どもの成長に向けて手を取り合っていける関係を大切にしてください。

やらなくてはいけない仕事が山のようにあるでしょうが、一番大切なことは子どもへの指導に他なりません。どの子も大切にする姿勢をもち続け、子どもとの信頼関係を築き、「特別ではない特別支援教育」の実践に向けて歩み続けてください。教師という職業を選び、子どもたちと共に伸びていく覚悟をきめたあなたなら、子どもの可能性を引き出し、伸ばしていくことが『きっとできる！』と信じています。

そんなあなたを、心から応援しています。

齋藤　澄子

☆この本を手にしてくださったみなさんへ

コロナ禍から一年、誰もが疑心暗鬼な生活を送っている中で、この本を手にしてくださってありがとうございます。

あなたが今、特別支援教育や発達障害とどんな関わりをもち、どんな考えをもっているのか分かりませんが、この本から何かを得ることができたなら幸いです。

そして、共生社会の実現に向けて手を貸して下さったらうれしいです。

もしもあなたが教師をめざす学生なら、将来教師になって教室に行った時、この本に出てくるような子どもたちと出会うかもしれません。その時に、ここに書いたことがヒントになり子どもたちへの適切な指導や支援ができたらいいと思います。

もしもあなたの身近に発達障害の人がいるなら、彼らの特性を理解しない人たちに、ひと言助言して欲しいと思います。発達障害は目に見えない障害だから、誤解されていることも少なくないのです。

もしもあなたにこれから子どもを持つ可能性があるなら、自分の子どもに発達障害があると分かった時にも、嘆いたりうろたえたりせずに、堂々とお子さんを育ててください。

もしもあなたが今、発達障害や特別支援教育には直接関係のない立場にいるなら、きっとどこかで出会う発達障害の人を理解し、力を貸していただけたらと思います。小中学生と異なり、大人の発達障害については、いろいろと難しい点もありますが……。

社会には、本当にさまざまな人たちがいます。生まれも育ちも、考え方も表現もみな違って当たり前です。それを人は「個性」と言います。発達障害が「ひとつの個性である」という人もいますが、確かにその人固有の特性であることは事実です。

ただ状況的に、その個性が好ましく作用する時もあれば、人によっては課題になることもある、ということなのでしょう。

みなさんの身近にいる人が「もしかしたら、発達障害なのかな？」と思うことがあったら、ちょっとだけ特性に対する配慮を実行してみてください。もしそれでうまくいくなら、そのことを頭においてその人と付き合っていって欲しいと思います。

そんな風にしてお互いに相手を思いやったり尊重したりできるようになれば、社会は少しずつ変わってくると思うのです。

社会が変われば、その中で生きている様々な子どもたちの障壁も崩れていくと期待しています。

発達障害を抱える子どもたちが、ずっと安心して生きていける社会を作るために、お力をお貸しください。

みなさんのお力が、子どもたちの生きる力に繋がります。

齋藤　澄子

＊最後に、本書に自分の体験を惜しみなく提供してくれた河西氏に本書に込めた思いを綴ってもらった。

最後にひと言

齋藤先生から「本を書きたいと思っているのだけど…」と相談を受けた時、『やっとこの日が来た』と心が躍った。齋藤先生が子どもたちのために、教師のために、保護者のために、先生の経験を言葉で発信してくれることを、私はひそかに期待し、ずっと待っていた。私は協力できることは何でもしよう…と思っていたが、まさか、こんな形で自分の経験や思いを振り返り、こんなに多くの頁をもらって綴ることになるとは思わなかった。

正直に言えば、記憶をたどる作業は楽ではなかった。思い出したくないこともたくさんあって、つらくなったり、言葉に詰まったりして伝えたいことがうまく書けずに苦しんだ。でも、たった一人でもいいから私の経験から何かを感じてくれる人がいたら……という思いで書き続けた。

今、世の中には『発達障害』の情報があふれている。インターネットはもちろん、テレビや新聞などで「発達障害」という言葉を目にすることも多くなってきた。しかし、その情報が全て正しいとは言えない。発達障害をかかえる当事者の「生きづらさ」や「困っていること」を正しく理解し、当事者を取り巻く社会の課題を見つめて欲しい。『この子(人)は発達障害だからできないんだ、仕方ないんだ。オカシイんだ』という受け止め方だけはして欲しくない。どんなに発達障害の情報があふれても、私たちの中に「他人と違っていること」を差別したり嫌悪したりする気持ちがある限り、当事者の「生きづらさ」はなくならないだろう。

本書が「周りが変われば」と言っているのは、「当事者を受け止める側が変わらなければ」という意味に通じる。大人が変わり、社会が変われば、子どもたちも変わっていくだろうという期待を込めて、自分の経験を書いてきた。

子育ては健常児でも大変なことに変わりなく、自分たちだけが大変だと言うつもりはないけれど、生きづらい子どもを育てる保護者は、やはり生きづらさを抱えている。通級指導教室や学習会、親の会で知り合った保護者たちは皆、理解者を求めていた。共感できる、励まし合える相手を求めていた。保護者が元気で笑顔でいるために、理解者や仲間の存在は大きい。保護者自身がしんどいのに「あなたがもっと頑張らなければ」など、誰が言えるのだろう。

私は、何度も学校へお願いに行った。当たって砕けて傷ついたことも少なくなかったが、保護者の思いに先生方や誰かが寄り添ってくれたことも少なくなかった。「学校は何もしてくれない、誰も分かってくれない」と陰で言うのではなく、理解者を求めて行動することの大切さを知った。

必ず理解してくれる人はいる。寄り添ってくれる人はいる。

私の子育て物語もまだ道半ばである。課題は山積みだが、これまでの経験から『問題はすぐに解決しなくても、通り過ぎない嵐はないのだ』と学ぶことができた。今、発達障害の子育てで悩んでいる人たちにエールを送りつつ、自分自身もこの先の道のりに希望をもって前進したいと思う。

河西　ゆい

おわりに

コロナ禍に見舞われ勤務先の大学の授業は全てオンライン授業になった昨年の初夏、自宅で一日中パソコンに向かって仕事をしている時に、「本を出そう！」と決心した。

二〇二〇年。春の到来と共に新型コロナウィルスは猛威を振るい、四月に入ってすぐ（四月七日）に最初の緊急事態宣言。筆者の居住する自治体の小学校は、四月六日の入学式を行ったもののその二日後から二か月間も休校になった。子どもたちは自宅学習。六月に入り学校が再開された時、学校は今まで経験のない、目に見えない恐怖を抱えながら教育活動を再開した。子どもたちも保護者も同じように不安を抱える中で、学校現場はこれまで以上に大変さを抱えなければならなくなっていた。

「手洗い、うがいを徹底する」「マスクをする」「密を避ける」「ソーシャルディスタンスを保つ」……これまでとは異なる学校生活になり、先生方は、子どもたちの命を守るために一生懸命に指導された。急な変更に対応しづらい発達に課題のある子どもたちの中には、精神的にも不安定になり、校内を徘徊したり不登校になったりした子どももいた。

本書の執筆は、そんな中で『何か子どもたちのために、自分にもできることはないだろうか……』と考えた末の行動だった。今大切なのは、発達障害の子どもたちに我慢や努力を強いることではなく、周りにいる人たちの対応が変わり、環境が整備されることだと考えたのである。その為に、筆者が子どもたちや保護者との関わりから学んだことが、役立つのではないか……という思いで「本を書こう」と思ったのだった。

幸い、この企画を相談した元保護者・河西ゆい氏は、当時の記録をしっかりと保管されていた。10年以上前の連絡帳や写真、学習のあしあと等……そして私に向かって言ったのだった。

「先生がいつかそんなことを言い出すのではないか……と思っていました。やっぱり言ってきましたね……」

真夏のズーム打ち合わせ会を経て、お互いの作業が開始された。私は彼女の書いてくる文章を読む度に、「これは多くの人に知ってもらいたい現実だ」という思いが強くなっていった。子育てで課題を抱えている保護者、子どもへの対応で悩んでいる教師……多くの人が彼女の書いた文章を読むことできっと何かを感じ、子どもを変える力になるのではないかと確信したのである。

学校には本当にいろいろな子どもたちがいる。しかし、子どもが抱える様々な課題に対して「どう対応すればいいのか」という具体的な見通しがないままに、対症療法的な指導や支援になっているケースも少なくない。その結果、子どもの状況はなかなか好転せずに、保護者も教師も疲弊していく現実がある。元教員として心を痛めつつ少しでもよい方向に子どもを導くことができればと考え、本書にはできるだけ具体的な話を盛り込んだ。

発達に課題のある子どもを適切に支援するためにはまず、「知る」ことが大切である。

・発達に課題のある児童の特性とは？　その特性に応じた指導・支援とは？
・通級指導教室とは？
・発達に課題のある児童の保護者との連携とは？
・学級の子どもたちとの関わりはどう指導すればいいのか？
・インクルーシブ教育システムとは？　等々

本書で述べてきたこのような内容について、まず「知る」ことから始めて欲しい。

人間が「変わる」ためには「知る」ための「学習」が必要である。本書が、皆さんの「変わる」きっかけになることを期待したい。子どもたちは、周りの変化に反応して「変わる」のである。この変化が、よりよい子どもの可能性の高まりに繋がることを願ってやまない。

新型コロナウィルスの影響で大きく生活が変わりつつある今、発達障害の子どもたちを取り巻く環境やこれからの生活や支援について、保護者や学校は見直しの必要を感じていることだろう。

このタイミングで、本書が少しでも子どもたちの力になれたら、これ以上の幸せはない。

令和三年　桜の開花を聞いた日に

齋藤　澄子

謝　辞

本書の発行に際し、多くの先生方にご指導をいただきましたことをここに記し、厚く御礼申し上げます。

国立特別支援教育総合研究所 上席総括研究員・発達障害教育推進センター長である笹森洋樹先生には、全体の内容や構成等に関するご指導・ご助言をいただきました。元お茶の水女子大学教授 安藤壽子先生には、細部にわたり一つひとつ丁寧なご指導をいただきました。研修会でご指導いただいた社会福祉法人青い鳥 小児療育相談センターの原仁先生には、本書のめざす方向性や内容を修正する方向をお示し頂きました。「クラスワイドな支援から個別支援へ」の研究に際しては、横浜国立大学教授 関戸英紀先生に一年を通して研究生としてご指導をいただきました。本書の執筆に際しましては、千葉大学名誉教授　現育英大学教授 蘭千壽先生に励ましのお言葉をいただき、何とか書き上げることができました。

諸先生方のご指導に心より感謝申し上げます。

また素敵なイラストを描いていただいた元同僚の石塚朝子氏、数々の適切なご助言を頂いた翔雲社の溝上淳子氏のお力添えに、改めて感謝いたします。

本当にありがとうございました。

共著者というべき河西氏とは、毎回の予定時間超えのズーム打ち合わせや深夜のメール交換を経て、本が出来上がったことを共に喜び合いたいと思います。

最後になりましたが、私が教師として出会ってきた全ての子どもたちと保護者・職員の皆様に心からの感謝を表します。これらの出会いがなければ、この本が世に出ることはありませんでした。子どもたちとの思い出を糧に、立派に成長した子どもたちの姿に励まされながら、これからもたくさんの子どもたちや保護者の方々の力になれるよう歩み続けたいと思います。

齋藤　澄子

【引用・参考文献】

・『小学校学習指導要領』 文部科学省 2017
・『小学校学習指導要領解説 総則編』 文部科学省 東洋館出版 2017
・「通常学級に在籍する発達障害の可能性のある特別な教育的支援を必要とする児童生徒に関する調査」調査結果 文部科学省 2012
・『特別支援教育の理論と実践 Ⅱ 指導』花熊暁・西岡有香・山田充・田中容子 金剛出版 2018
・「特別支援教育を推進するための制度の在り方について（答申）」 中央教育審議会 2005
・「特別支援教育の推進について（通知）」 文部科学省 2007
・『問題行動！ クラスワイドな支援から個別支援へ インクルーシブ教育システムの構築に向けて』 関戸英紀編著 川島書店 2017
・「複数の授業参加に困難を示す児童が在籍する学級に対するクラスワイドな支援」 山中知枝子・関戸英紀 日本行動教育・実践研究 第29号 2009
・「通常学級での授業参加に困難を示す児童への機能的アセスメントに基づいた支援」 興津富成・関戸英紀：特殊教育学研究44 2007
・「小学校における学級単位の社会的スキル訓練の効果に関する実験的検討」 藤枝静暁・相川充：教育心理学研究49 2001
・『教室で行う特別支援教育』 國分康孝・國分久子 図書文化 2003
・『発達障害のある子の困り感に寄り添う支援』 佐藤暁 学研 2004
・「何に気付くべきなのだろうか」 田中康雄 『教育と医学』 慶応義塾大学出版会 2017 12月号
・『LD・ADHD特別支援マニュアル』 森孝一 明治図書 2003
・「発達障害児の保護者支援に関する一考察」 齋藤澄子 第27回日本LD学会ポスター発表 2018
・『交流及び共同学習ガイド』 文部科学省 2019

・『児童生徒への教育支援体制の整備のためのガイドライン（試案）』　文部科学省　東洋館出版　２００４
・「チームとしての学校の在り方と今後の改善方策について（答申）」　中央教育審議会　２０１５
・「共生社会の形成に向けたインクルーシブ教育システム構築のための特別支援教育の推進（答申）」　中央教育審議会　２０１２
・『ＩＣＦ及びＩＣＦ-ＣＹの活用　試みから実践へ』　徳永亜希雄　国立特別支援教育総合研究所　２００７
・『特別支援教育におけるＩＣＴの活用　パート3学びのニーズに応える確かな実践のために』　国立特別支援教育総合研究所　ジアース教育新社　２０１７
・『特別支援教育』　廣瀬由美子・石塚謙二　編著　ミネルヴァ書房　２０１９
・『教員をめざすための特別支援教育入門』　大塚玲　編著　萌文書林　２０１９
・『特別支援教育を進める学校システム』　河村茂雄　図書文化　２００７
・『特別支援教育の理論と実践　Ｉ　概論・アセスメント』上野一彦・室橋春光・花熊暁　金剛出版　２０１８
・『発達障害と子育て事情』　原仁　福村出版　２００９
・『発達障害のある子と家族の支援』　中田洋二郎　学研　２０１８
・『支援を必要とする児童・生徒の教育のために』　神奈川県立総合教育センター　２０１９
・『インクルーシブ教育時代の教員をめざすための特別支援教育入門』　大塚玲　萌文書林　２０１９
・「通常の学級における発達障害のある子どもの支援のあり方について」　安彦忠彦　ＬＤ研究　第22巻4号　日本ＬＤ学会　２０１３
・『関係性から見る発達障害』　橋本和明編　創元社　２０１１
・『発達障害』　本田秀夫　ＳＢクリエイティブ　２０１８
・『先生、親の目線でお願いします！』　海津敦子　学研プラス　２０１２
・『発達障害なんのその、それが僕の生きる道』　上野康一他　東京シューレ出版　２０１１

■著者紹介

齋藤 澄子（さいとう すみこ）

前 和光大学 現代人間学部 教授、現 非常勤講師（兼）教職アドバイザー
埼玉学園大学 非常勤講師、星槎大学 特任講師
横浜国立大学 教育学部 教育学科 卒
上越教育大学 大学院 学校教育研究科 教育経営コース 修了 教育学修士
小学校教諭、教育委員会指導主事、学校管理職を経て現職
所属学会等：日本ＬＤ学会、日本特殊教育学会、教育実践学会、初年次教育学会、日本教材学会、日本行動教育研究会
研究テーマ：「通常の学級における発達に課題を感じる児童への指導・支援のあり方」「発達障害児の保護者支援」等の実践研究

執筆協力：河西 ゆい
編　　集：齋藤 幸広
イラスト：石塚 朝子

周りが変われば、子どもは変わる！
発達に課題を感じる子どもの可能性を伸ばすために

2021年5月11日　初版第1刷発行

著　者　齋藤 澄子
発行者　池田 勝也
発行所　株式会社翔雲社
〒252-0333　神奈川県相模原市南区東大沼2-21-4
TEL　042-765-6463　　FAX　042-701-8611
振替　00960-5-165501
https://www.shounsha.co.jp/
発売元　株式会社星雲社（共同出版社・流通責任出版社）
〒112-0005　東京都文京区水道1-3-30
TEL　03-3868-3275　　FAX　03-3868-6588
印刷・製本　株式会社丸井工文社

ISBN 978-4-434-28917-0
Printed in Japan